CHRONOLEADERSHIP

CAMILLA KRING

CHRONOLEADERSHIP

BESSER ARBEITEN ZUR RICHTIGEN ZEIT

MIDAS

Chronoleadership
Besser arbeiten zur richtigen Zeit

1. Auflage

ISBN 978-3-03876-563-9

Übersetzung: Kathrin Lichtenberg
Lektorat: Dr. Friederike Römhild
Layout: Ulrich Borstelmann
Cover: Agentur 21

Midas Verlag AG, Dunantstrasse 3, CH 8044 Zürich
Webseite: www.midas.ch, E-Mail: kontakt@midas.ch

Midas Büro Berlin, Mommsenstraße 43, D 10629 Berlin
E-Mail: berlin@midasverlag.com (GPSR)

Englische Originalausgabe: Chronoleadership

Die deutsche Nationalbibliothek verzeichnet diese Publikation in der Deutschen Nationalbibliografie; detaillierte bibliografische Daten sind im Internet unter www.dnb.de abrufbar.

Für meine Kinder,
Eva und Christian

INHALT

EINFÜHRUNG

Mein Interesse an der Chronobiologie begann, als ich vor mehr als zwanzig Jahren an meiner Doktorarbeit über Work-Life-Balance schrieb. *Chrono* leitet sich vom griechischen *chrónos* her und bedeutet Zeit. Chronobiologie ist die Biologie der Zeit, das Studium der circadianen oder Schlaf-Wach-Rhythmen. Manche Menschen schlafen früh ein und wachen früh auf, während andere später einschlafen und später aufwachen.

Ich arbeitete in der Zeit zwischen Mittag und Mitternacht an meiner Arbeit und merkte ganz deutlich, dass ich meine optimale Schreibenergie nicht vor 14 Uhr erreichte. Als ich 2003 meine Arbeit schrieb, entdeckten der britische Forscher Simon N. Archer und seine Kollegen das PER3-Gen, das damit zusammenhängt, ob man ein Morgen- oder ein Abendmensch ist.[1] Zum ersten Mal hörte ich von Forschungen in der Chronobiologie. Heute haben Forschende mehr als achtzig Gene ermittelt, die beeinflussen, ob wir uns am Morgen oder am Abend erfrischt fühlen.[2] Die Gene tragen daher zu den großen Variationen in den Schlafmustern bei. Auch Sie sind genetisch vorbestimmt, entweder ein Morgen- oder ein Abendmensch zu sein.

Chronobiologie gab mir eine Sprache, um meinen eigenen circadianen Rhythmus zu verstehen. Ich bin ein Spätaufsteher oder chronobiologisch gesprochen ein später Chronotyp. Am muntersten bin ich nachmittags und abends. Mit meinen neuen Kenntnissen begann ich, die gesellschaftliche Organisation der Zeit zu hinterfragen. Warum unterstützen unsere Gesellschaften vor allem Morgenmenschen? In den letzten fünfzig Jahren haben wir Quantensprünge in den Konstellationen von Familien und der Art und Weise zu arbeiten erlebt, aber dennoch taumeln wir durch eine Architektur von Zeit und Kultur, die durch landwirtschaftliche und industrielle Gesellschaften geprägt sind.

In seinem Buch *Mensch werden* schreibt der amerikanische Psychologe und Professor Michael Tomasello, dass »... nicht alle Menschen zwischen Teleskopen, Sinfonieorchestern und dem Britischen Parlament leben, sondern stattdessen inmitten ihrer eigenen typischen Artefakte, Symbole und Institutionen. Und da Kinder ganz ungeachtet ihrer Genetik die speziellen Artefakte, Symbole und Institutionen übernehmen, in die sie hineingeboren werden, ist es klar, dass diese gesellschaftliche Variation nicht aus den Genen erwächst, sondern gesellschaftlich erschaffen wurde.«[3]

Unsere heutigen Schul- und Arbeitssysteme sind auf die Industriegesellschaft ausgerichtet. Kinder sollen lernen, sich ein- und auszustechen und ihre Zeit an den Arbeitsplatz zu verkaufen. »Working 9 to 5« von

Dolly Parton ist der Soundtrack für eine Industriegesellschaft, in der mehr als 80 % des Wertes eines Unternehmens in seinen Gebäuden und Maschinen liegen.

Heute sind immaterielle Güter, getrieben von Wissen, Kreativität und Innovation, für mehr als 90 % des Marktwertes der S&P 500 verantwortlich.[4] Laut Gartner gibt es weltweit mehr als eine Milliarde Wissensarbeiter. Durch Beibehaltung des Nine-to-five-Rhythmus lassen sich Unternehmen potenzielle Produktivitätsgewinne entgehen.

In einer wissensbasierten Gesellschaft ist es klug, die inneren Uhren der Menschen entscheiden zu lassen, wann es Zeit ist, aufzustehen. Sich die Vielfalt des circadianen Rhythmus zunutze zu machen, bringt nicht nur den Einzelnen bedeutende Vorteile, sondern auch den Unternehmen und der Gesellschaft als Ganzes. Wenn wir Vorurteile abbauen und die gesellschaftliche Akzeptanz und den Respekt für diese natürlichen Variationen fördern, können wir ein inklusiveres und produktiveres Umfeld schaffen.

Dieses Buch richtet sich an Geschäftsführer, Personalleiter und Führungskräfte, die ihren Leuten vertrauen und auf Authentizität am Arbeitsplatz setzen. Es ist für jene, die daran glauben, einen besseren Arbeitsplatz zu schaffen, wenn sie den Arbeitnehmern die Freiheit geben, sie selbst zu sein und ihre Zeit selbst einzuteilen.

Ich möchte zeigen, wie man mithilfe der Chronobiologie gesündere, nachhaltigere und produktivere Rhythmen am Arbeitsplatz schaffen kann. Das Buch ist für Menschen, die den circadianen Rhythmus verstehen und mehr Verständnis für Morgen- und Abendmenschen gewinnen wollen.

Meine Hoffnung ist es, denjenigen, die wie ich nicht in die traditionellen Nine-to-five-Strukturen und Morgenrhythmen passen, das Leben zu erleichtern und zu verbessern.

> Ich will nicht so tun, als sei ich Frühaufsteher.
> Ich will klug sein
> Und meine innere Uhr entscheiden lassen, wann es Zeit ist, aufzustehen.
>
> Pass Dich nicht an – sei frei!
> Und lebe Dein Leben nach Deinem PER3
> Und all den anderen Uhren-Genen, die Deinen wahren Rhythmus bestimmen.

TEIL 1 zeigt, wie wichtig es in der modernen Gesellschaft ist, Chronodiversität, Zeitgerechtigkeit und Chronoinklusion anzuerkennen und zu beachten. Er diskutiert die einzigartigen Herausforderungen, denen sich die späten Chronotypen gegenüber sehen, und befürwortet einen Wandel der gesellschaftlichen Normen, der Gesundheit und Produktivität für alle bringt, unabhängig vom individuellen circadianen Rhythmus.

TEIL 2 erkundet den historischen Übergang von der natürlichen Zeit zur Uhrzeit, beginnend mit der Erfindung mechanischer Uhren, die den Alltag mit den Glocken von Kirchen, Schulen und Fabriken strukturierten. Dieses kulturelle Erbe betrachtet die Uhrzeit als wesentlich für die gesellschaftliche Verantwortung. Mönche waren die ersten, die ihr Leben an reglementierte Zeitpläne anpassten. Dies verbreitete sich in der Bevölkerung und änderte die gesellschaftlichen Strukturen. Die Industrielle Revolution zementierte die Dominanz der Uhrzeit, als wissenschaftliches Denken die Produktivität optimierte, oft auf Kosten des Wohlbefindens der Arbeiter.

TEIL 3 diskutiert den laufenden Übergang zurück zur natürlichen Zeit, vor allem im Kontext des Wandels hin zur Wissensarbeit. In der modernen Wirtschaft, in der mehr als 90 % des Wertes eines Unternehmens immateriell, nicht fassbar sind, wächst der Bedarf an flexiblen Arbeitszeiten, die sich nach dem individuellen circadianen Rhythmus richten. Durch das Anwenden der Chronobiologie am Arbeitsplatz können Organisationen die Gesundheit und Produktivität verbessern und das rigide Nine-to-five-Arbeitsmodell überwinden, das das Industriezeitalter auszeichnete. Chronoleadership ist ein neues Framework zum Erschaffen attraktiver, integrativer und nachhaltiger Arbeitsräume sowohl für Morgen- als auch für Abendmenschen.

TEIL 1

EIN RUF NACH CHRONODIVERSITÄT, ZEITGERECHTIGKEIT UND CHRONOINKLUSION

»Manchmal dauert es lange, wie man selbst zu klingen.«

MILES DAVIS (1926–1991)
Berühmter US-amerikanischer Jazz-Trompeter, Bandleader und Komponist.

KAPITEL 1

ES HAT SEINEN PREIS, EIN FRÜHES AUFSTEHEN VORZUTÄUSCHEN – EIN RUF NACH CHRONODIVERSITÄT

Meine Freundin Vibe ist in einer kleinen Familie mit einer Mutter, die Morgenmensch, und einem Vater, der Abendmensch war, aufgewachsen. Ihre Umgebung als Heranwachsende war jedoch vom Morgenmenschentum geprägt. Sie musste also jeden Morgen früh aufstehen und um 8 Uhr in der Schule sitzen, während sie an den Wochenenden versuchte, den Schlafmangel auszugleichen, den sie unter der Woche erlitten hatte. Abends konnte sie nicht einschlafen und lag wach, während sie Bücher las oder versuchte, zur Ruhe zu kommen. Ihrem Vater ging es genauso. Oft saß er im Wohnzimmer und schaute bis weit in die Nacht Dokumentationen oder Filme, obwohl er am nächsten Morgen um 7 oder 8 Uhr am Start sein musste. Vibe schlich sich häufig zu ihm in das Wohnzimmer, wo sie und ihr Vater dann im Dunkeln saßen, mental noch ganz frisch, und versuchten, müde zu werden. Vibes Mutter ging früh zu Bett und hatte keine Probleme, in den Frühaufsteher-Rhythmus der Gesellschaft zu fallen. An den Wochenenden holte Vibe den Schlaf der Woche nach, doch ihre Mutter weckte sie häufig früh, getreu dem Gedanken: »Wir sollten aufstehen und etwas mit dem Tag anfangen«.

Im Schulbus erinnerte sich Vibe daran, wie müde und unausgeruht sie sowohl körperlich als auch geistig war. Sie verschlief praktisch die ersten zwei Schulstunden. Als sie auf das Gymnasium kam, wurde das zu einem Problem, da Tests immer in den ersten zwei Stunden geschrieben wurden und sie entsprechend schlecht abschnitt. Dieses Muster verfolgte sie durch das Gymnasium und die Universität. Bis heute geht sie in den Autopilot-Modus, wenn sie um 8 Uhr morgens arbeiten muss. Sie ist da, aber sie kann nicht ihr Bestes geben. Es hilft nicht, dass sie aufgrund des Schlafmangels oft müde auftaucht, weil sie abends nicht einschlafen kann und ein riesiges Schlafdefizit hat.

MAN WIRD MIT EINEM PERSÖNLICHEN CIRCADIANEN RHYTHMUS GEBOREN

Viele Menschen lernen von Kindesbeinen an, ihren natürlichen Rhythmus zu ignorieren. Allerdings zahlen Spätaufsteher einen höheren Preis mit ihrer Gesundheit, wenn sie sich an die Frühaufsteher-Gesellschaft anpassen. Vibe ist eine Spätaufsteherin (ein später Chronotyp) in einer Frühaufsteher-Gesellschaft. Menschen werden mit einem circadianen Rhythmus – einem Schlaf-Wach-Rhythmus – geboren. Variationen in den menschlichen Genen sorgen dafür, dass wir zu unterschiedlichen Tageszeiten einschlafen und aufwachen. Ihr circadianer Rhythmus ist daher nicht etwas, das Sie sich aussuchen. Sie sind genetisch darauf eingestellt, entweder ein Morgenmensch oder ein Abendmensch zu sein. Manche Menschen schlafen früh ein und wachen früh auf, während andere später einschlafen bzw. aufwachen.

CHRONODIVERSITÄT IST TEIL DER EVOLUTION

Es wird angenommen, dass es Teil der Evolution ist, wenn wir zu verschiedenen Zeiten schlafen und wach sind. Um auf Gruppenebene Schlafmuster in einem System zu untersuchen, das Ähnlichkeit zu unserer evolutionären Vergangenheit hat, studierten Forschende die Volksgruppe der Hadza, einer Gruppe von Jägern und Sammlern in Tansania. Im Laufe von zwanzig Tagen fanden sie heraus, dass die Hadza nur insgesamt achtzehn Minuten lang alle gleichzeitig schliefen.

In 99,8 % der beobachteten Zeiträume waren zwischen der Zeit, in der die erste Person schlafen ging und die letzte Person aufwachte, immer eine oder mehrere Personen wach (oder nur in der Leichtschlafphase). Diese Asynchronität in den Aktivitätsstufen wird durch die Variation der circadianen Rhythmen erzeugt.[5] Als wir Menschen in der Wildnis lebten, war es sinnvoll, dass wir nicht darauf programmiert waren, alle zur selben Zeit wach zu sein oder zu schlafen. Vielleicht wären wir sonst heute nicht hier – uns hätte womöglich der gefährliche Löwe gefressen!

SPRECHEN WIR ÜBER DIE SCHLAFDAUER UND DAS SCHLAFTIMING

Schlaf ist ein grundlegender Aspekt der Gesundheit und des Wohlbefindens der Menschen, der nahezu jedes System in unseren Körpern beeinflusst. Ungeachtet seiner Bedeutung bemühen sich viele Menschen vergebens, ausreichend Schlaf zu bekommen, sei es in Bezug auf die Dauer oder das Timing.

Schlafdauer bezieht sich auf die gesamte Zeitdauer, die schlafend verbracht wird. Uns wurden in der Vergangenheit viele Geschichten über das Schlafen erzählt. Eine sehr häufige Schlafgeschichte besagt, dass wir acht Stunden pro Nacht schlafen sollten, was jedoch ein Mythos ist. Gesunder Schlaf bewegt sich zwischen sechs und elf Stunden pro Nacht.[6] Biologie bedeutet Variation, und unsere Schlafbedürfnisse sind individuell.

SCHLAFDAUER – WOHER WISSEN SIE, DASS SIE GENÜGEND SCHLAF BEKOMMEN?

In seinem TED Talk »Why Do We Sleep?« sagt Professor Russell Foster, dass man genügend Schlaf bekommt, wenn man diese Fragen mit Ja beantworten kann:

- Brauchen Sie einen Wecker?
- Brauchen Sie lange, um aus dem Bett zu kommen?
- Brauchen Sie viele Aufputschmittel?
- Sind Sie missgelaunt?
- Sehen Sie müde aus?[7]

»Ein guter Schlaf verbessert Ihre Konzentration, Aufmerksamkeit, Entscheidungsfähigkeit, Kreativität, sozialen Fähigkeiten, Gesundheit ... Sind Sie müde und fehlt Ihnen Schlaf, haben Sie ein schlechtes Gedächtnis, eine schlechte Kreativität, Ihre Erregbarkeit nimmt zu und Sie haben ein schlechtes Urteilsvermögen«, sagt Foster.

Schlafmuster und Vorstellungen zum Thema Schlaf werden von Generation zu Generation weitergegeben. Im Buch *Positive Sleep* beschreibt Giles Watkins, welche Rolle unsere Familie dabei spielt: »Schlafgewohnheiten, die in früher Kindheit geprägt werden, können das Schlafverhalten für den Rest des Lebens beeinflussen ... So kann etwa die positive Assoziation mit dem frühen Aufwachen, um etwas zu erledigen, während der Kindheit dazu führen, dass auch der Erwachsene weniger schläft, um zum Arbeiten früh aufzustehen.«[8] An seinen eigenen Schlafmustern erkannte Watkins, dass seine Schlafprobleme über Jahre hinweg entstanden waren. Sie bildeten sich bereits in der Kindheit. Schon mit zehn Jahren stellte er seinen Wecker auf dreißig bis sechzig Minuten vor seiner normalen Weckzeit, um früher aufzuwachen und seine Schularbeiten zu machen oder sich auf einen Test vorzubereiten.

Möglicherweise waren Watkins Eltern von Thomas A. Edisons Theorien über das Schlafen beeinflusst: »Schlaf ist wie eine Droge. Wenn man zu viel davon auf einmal nimmt, macht es einen dumm. Man verliert Zeit und Gelegenheiten.«[9] Edison behauptete 1889, nicht mehr als vier Stunden pro Tag zu schlafen.

SCHLAFTIMING – WANN IST IHR OPTIMALES »SCHLAFFENSTER«?

Schlaftiming oder der circadiane Rhythmus bezieht sich auf den optimalen Schlafzeitpunkt innerhalb von vierundzwanzig Stunden. Sie erhalten den besten Schlaf, wenn Sie in Ihrem »Schlaffenster« ins Bett gehen, also in dem Zeitraum, den Ihr Körper als optimal zum Schlafen definiert. Wenn Sie innerhalb dieses Fensters schlafen, sind Sie am Tage weniger müde, fühlen sich besser, sind leistungsfähiger und auf lange Sicht gesünder. Es ist ein Mythos, dass man den besten Schlaf zwischen 22 Uhr und 6 Uhr hat. In der Bevölkerung existiert eine beträchtliche Chronodiversität, bei der einige Personen ihren optimalen Schlaf vom frühen Abend bis zum frühen Morgen haben, während für andere das Optimum zwischen den späten Abend- und den späten Vormittagsstunden liegt.

VERTEILUNG DES CIRCADIANEN RHYTHMUS' IN DER BEVÖLKERUNG

Professor Till Roenneberg von der Ludwig-Maximilians-Universität München hat den circadianen Rhythmus von mehr als 290.000 Menschen aufgezeichnet.[10] Die Verteilung der Chronotypen reicht von extremen Morgenmenschen (frühe Chronotypen), die früh zu Bett gehen und früh aufstehen, bis zu extremen Abendmenschen (späte Chronotypen), die spät ins Bett gehen und spät aufstehen. Roenneberg teilt die Chronotypen in sieben Kategorien ein:

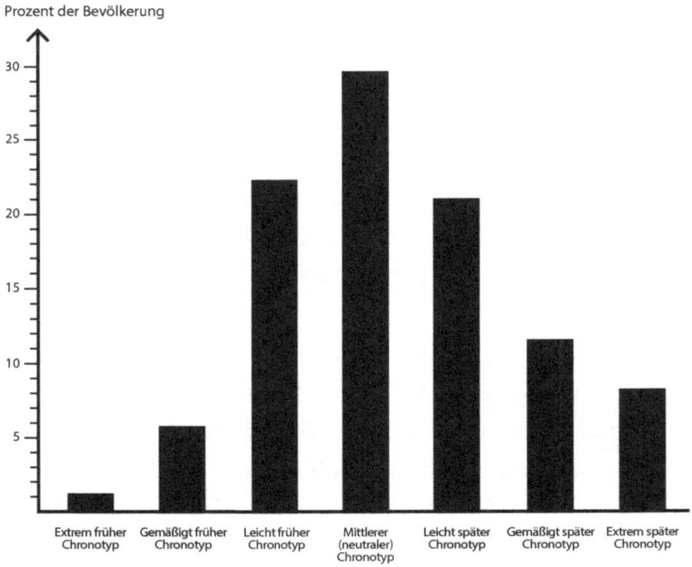

SIEBEN CHRONOTYPEN

ES GIBT IN DER BEVÖLKERUNG MEHR SPÄTE ALS FRÜHE CHRONOTYPEN

Laut der Datenbank des Munich ChronoType Questionnaire von 2017 (185.333 Teilnehmer) gibt es in der Bevölkerung 29,3 % früher Chronotypen, 29,8 % neutrale Chronotypen und 40,9 % späte Chronotypen. Ihr circadianer Rhythmus ist unabhängig von der Anzahl der Schlafstunden, die Sie brauchen.[11] Da unsere Schlafbedürfnisse individuell sind, berechnet sich unser circadianer Rhythmus auf der Basis des Mittelpunktes unseres Schlafes. Falls Sie zum Beispiel um Mitternacht ins Bett gehen und um 8 Uhr aufstehen, liegt Ihr Schlafmittelpunkt bei 4 Uhr. In chronobiologischer Beziehung sind Sie ein neutraler Chronotyp. Eine Person, die um 1 Uhr morgens ins Bett geht und um 7 Uhr aufsteht, ist ebenfalls ein neutraler Chronotyp.

LEBT MAN NICHT IM EINKLANG MIT SEINEM CIRCADIANEN RHYTHMUS, IST DAS SCHLECHT FÜR DIE GESUNDHEIT

Insgesamt 83 % der Weltbevölkerung – in Europa, den USA und Asien – müssen ihre Schlafzyklen unterbrechen, um früh zur Arbeit oder zur Schule zu gehen.[12] Es hat jedoch seinen Preis, ein frühes Aufstehen vorzutäuschen! Wenn wir einen Wecker brauchen, um morgens aufzuwachen, dann unterbrechen wir nicht nur unseren Schlaf, sondern leben auch nicht im Einklang mit unseren inneren biologischen Uhren. Das macht uns anfälliger für Infektionen, Krebs, Fettleibigkeit, Typ-2-Diabetes und Herz-Kreislauf-Erkrankungen.[13]

Chronobiologen meinen »Sozialer Jetlag«, wenn sie die negativen Konsequenzen für die Gesundheit berechnen, die es hat, wenn man seine innere Uhr ignoriert. Der soziale Jetlag ist in späten Chronotypen größer und bildet einen guten Näherungswert dafür, wie viele Personen im Widerstreit mit ihrer Körperuhr leben. Er ist eine Fehlausrichtung zwischen den sozialen Zeiten in der Schule und bei der Arbeit und Ihrem biologischen Rhythmus. Chronobiologen berechnen den sozialen Jetlag als die Differenz zwischen Ihrem Schlafmittelpunkt an Arbeitstagen und an freien Tagen. Schlafen Sie zum Beispiel an Arbeitstagen von Mitternacht bis 6 Uhr morgens, liegt Ihr Schlafmittelpunkt bei 3 Uhr. Schlafen Sie an freien Tagen von 2 Uhr nachts bis 10 Uhr morgens, liegt er bei 6 Uhr. Die Differenz zwischen den beiden Schlafmittelpunkten beträgt drei

Stunden – Sie haben also einen sozialen Jetlag von drei Stunden.

Laut Roenneberg haben wenigstens 70 % der Bevölkerung einen sozialen Jetlag von mindestens einer Stunde; ein Drittel der Bevölkerung hat einen sozialen Jetlag von mehr als zwei Stunden.[14]

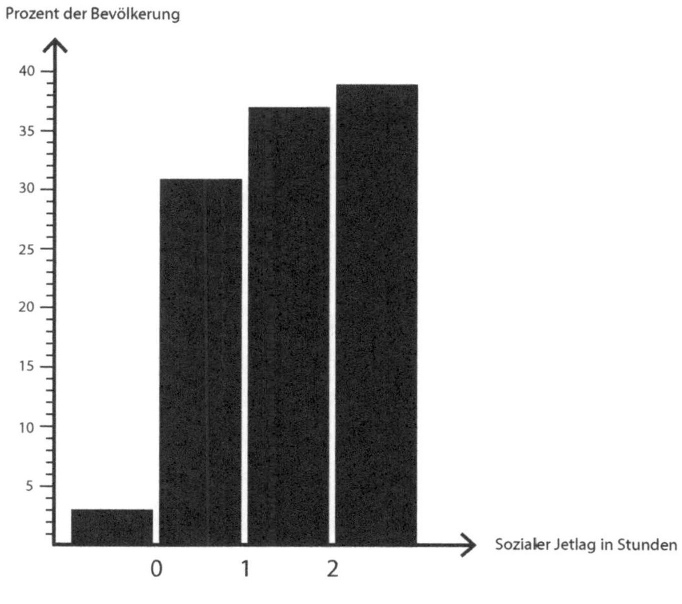

SOZIALER JETLAG IN DER DEUTSCHEN BEVÖLKERUNG IN STUNDEN[15]

Mit jeder Stunde, die zu Ihrem sozialen Jetlag hinzukommt, steigt das Risiko, übergewichtig zu werden, proportional um 33 %.[16]

Der soziale Jetlag erhöht sich in den Zeitzonen von Ost nach West und wird mit dem Risiko in Verbindung gebracht, Krebs und Depressionen zu entwickeln. Eine Studie zeigt, dass für jede Stunde sozialen Jetlag, die jemand pro Woche erlebt, das Risiko von Herz-Kreislauf-Erkrankungen um 11 % steigt.[17]

Im Jahre 2018 zeigte eine Studie der Northwestern University, dass späte Chronotypen im Vergleich zu frühen Chronotypen ein um 10 % höheres Risiko haben, früh zu sterben.[18]

Roenneberg untersuchte während des Lockdowns im Frühjahr 2020 ungefähr 11.000 Menschen – aus vierzig Ländern – und ihre Schlafgewohnheiten. Die Ergebnisse der Global Chrono Corona Survey (GCCS) zeigen, dass die Schlafdauer zunahm, der soziale Jetlag abnahm und die Schlafmitte aufgrund der gesellschaftlichen Einschränkungen verzögert war.[19] Die Art und Weise, wie man an Wochenenden und Feiertagen schläft, kommt dem natürlichen Schlaf-Wach-Rhythmus ebenfalls sehr nahe. Die negativen Auswirkungen des sozialen Jetlags, einschließlich des erhöhten Risikos für einen frühen Tod, Diabetes, Herzkrankheiten und andere Gesundheitsprobleme, sind zum größten Teil auf die Unterbrechung des circadianen Rhythmus des Körpers und den daraus resultierenden physiologischen Stress zurückzuführen.

»Wir schlafen, um optimal wach zu sein«, sagt Roenneberg.[20] Ich hoffe, dass in Zukunft mehr Menschen erleben, was es heißt, völlig wach und energiegeladen zu sein, weil sie im Einklang mit ihrem circadianen Rhythmus leben. Um dies zu erreichen, müssen wir uns zuerst der Normen, Stereotypen und Überzeugungen bewusst werden, die unsere Wahrnehmung der circadianen Rhythmen beeinflussen, Themen, die ich in Kapitel 2 weiter erkunden werde.

»Früh zu Bett und früh wieder auf macht den Menschen gesund, reich und klug.«

BENJAMIN FRANKLIN [1706–90]
Amerikanischer Erfinder, Staatsmann und Gründervater der USA und einer der Autoren der US-amerikanischen Verfassung.

KAPITEL 2

DIE GESELLSCHAFT SCHÄTZT DIE FRÜHAUFSTEHER – EIN RUF NACH ZEITGERECHTIGKEIT

VON DER KUH ZUM COMPUTER

Ich möchte nicht aufstehen. Ich möchte kein frühes Aufstehen simulieren. Wenn ich spät aufstehe, geht es mir großartig. Ich habe es mir zur Lebensaufgabe gemacht, für das Recht zu kämpfen, gemäß unseren circadianen Rhythmen zu leben.

2006 gründete ich die gemeinnützige Organisation B-Society, deren Mission es ist, für spätere Anfangszeiten in Schulen und Arbeitsstätten zu kämpfen. Mit der B-Society hatte ich ein Bedürfnis entdeckt, das nicht nur spezifisch in Dänemark existierte, sondern auch darüber hinaus. Die B-Society gewann Mitglieder in fünfzig Ländern. Ich hatte es geschafft, ein Gefühl in Worte zu fassen, das viele späte Chronotypen schweigend erdulden. Es war das Gefühl, nicht dafür akzeptiert zu werden, wer sie sind. Für mich steht das B in B-Society für »To be or not to be«. Be yourself (Sei du selbst). Be alive (Sei lebendig). Be free (Sei frei). Sei einfach. Ich wollte für das Recht kämpfen, im Einklang mit unseren circadianen Rhythmen zu leben – und nicht gegen sie. In der Realität ist dies ein Kampf gegen Ignoranz, weil es immer noch frühe Chronotypen gibt, die nicht an die Existenz anderer circadianer Rhythmen in der heutigen Gesellschaft glauben. Manche Autoren versprechen sogar, den Menschen beizubringen, erfolgreiche Frühaufsteher zu werden: *The Early to Rise Experience: Learn to Rise Early in 30 Days* von Andy Traub und *How to Wake Early: Proven Methods to Rising Early & Accomplishing Your Goals* von Richard Sosa. Sie glauben, dass jeder ein früher Chronotyp werden kann, wenn er lernt, früh ins Bett zu gehen und früh aufzustehen.

Die Medien stellen Morgen- und Abendmenschen oft sehr klischeehaft dar. Ein Morgenmensch gilt als aktiv und produktiv, während wir von Abendmenschen lediglich erfahren, dass sie gern lange schlafen. Fast alle Artikel über späte Chronotypen und die B-Society zeigen Bilder schlafender Menschen oder einer Person, die mit ihrem Wecker kämpft. Viele Menschen glauben ganz eindeutig, dass späte Chronotypen die ganze Zeit schlafen. Googeln Sie »später Chronotyp« oder »late riser« (Spätaufsteher) und Sie finden Artikel mit Bildern schlafender Teenager oder müder Erwachsener. Haben Sie jemals das Bild eines produktiven späten Chronotyps gesehen? Es stimmt schon sehr nachdenklich, dass ein später Chronotyp quasi ein Synonym für Verschlafen ist und deshalb auch schlafend dargestellt werden muss. Abendmenschen schlafen nicht mehr Stunden als Morgenmenschen.

Zahllose Fotografen wollten mich für ihre Artikel über die B-Society schlafend abbilden. Ich antwortete immer, dass wir Träume realisieren, wenn wir wach sind. Ich bin ein später Chronotyp. Und ich bin eine disziplinierte Person, die ihre selbst gesteckten Ziele erreicht. Ich erwarb mit vierundzwanzig Jahren meinen Master of Science in den Ingenieurwissenschaften, mit siebenundzwanzig Jahren meinen Doktor und ich habe seit 2005 eine eigene Firma, Super Navigators. Die meiste Arbeit erledige ich nachmittags und abends und ich würde mental sterben, müsste ich jeden Morgen um 8 Uhr am selben Arbeitsplatz auftauchen. Ich habe die letzten zwanzig Jahre damit zugebracht, durch Organisationen in siebzehn Ländern für flexible Arbeitskulturen zu kämpfen, die frühen Chronotypen ebenso entgegenkommen wie späten, und ich helfe einigen der besten Arbeitsorten in Europa mit meinem Konzept, Life Navigation.[21]

Mich und die Mitglieder der B-Society zeichnet die Tatsache aus, dass wir eine Alternative zur Nine-to-five-Gesellschaft suchen. Wir wollen gesellschaftliche Akzeptanz und Respekt für das spätere Zubettgehen, spätere Aufstehen und spätere zur Arbeit gehen. Wir wollen eine Neuverhandlung der Zeitrahmen, die in unserer Kultur verankert sind. Wir wollen eine gesellschaftliche Akzeptanz unserer Zeitpläne. Wir wollen flexiblere Öffnungszeiten in Institutionen. Wir wollen eine flexiblere Gesellschaft.

DIE ZIELE DER B-SOCIETY

1. Anerkennung der circadianen Rhythmen: Diese sind genetisch und werden vererbt. Die Gesellschaft muss so organisiert werden, dass sie den unterschiedlichen circadianen Mustern gerecht wird.

2. Beseitigung der Tyrannei der Frühaufsteher: Wir streben danach, die Dominanz der Frühaufsteher-Zeitpläne abzuschaffen und eine Welt aufzubauen, in der unterschiedliche circadiane Rhythmen anerkannt und respektiert werden. Diese Veränderung wird zu einer verbesserten Lebensqualität, besseren Gesundheit, erhöhten Produktivität und bedeutenden sozioökonomischen Einsparungen führen, indem Staus zu Stoßzeiten verringert werden.

3. Schaffung von Chronotypen-Gleichheit: Unterschiedliche circadiane Rhythmen müssen in unserer Gesellschaft und an den Arbeitsplätzen respektiert und anerkannt werden.

4. Entwicklung flexibler Arbeitskulturen: Wir wollen Arbeitskulturen schaffen, die sowohl frühen als auch späten Chronotypen entsprechen, indem jeder seinem natürlichen Rhythmus gemäß seiner Arbeit nachgehen kann.

5. Tarifverhandlungsrechte: Wir treten dafür ein, das Recht, im Einklang mit den circadianen Rhythmen zu arbeiten, in Tarifvereinbarungen aufzunehmen.

6. Flexibler Schulbeginn: Wir unterstützen die Einrichtung von Schulen und Universitäten, die es ermöglichen, später als 8 Uhr zu beginnen.

7. Förderung der Chronobiologie-Forschung: Wir arbeiten daran, die Erforschung der circadianen Rhythmen (Chronobiologie) auszubauen.

8. Globales Engagement: Wir arbeiten global, um eine bessere Welt zu erschaffen, die unterschiedlichen circadianen Lebens- und Arbeitsrhythmen entgegenkommt.

9. Ausmalen einer anderen Gesellschaft: Stellen Sie sich vor, die Schöpfer unserer Welt wären späte Chronotypen gewesen – die Gesellschaft würde grundlegend anders aussehen.

Kämpfen wir für gleiche Rechte für alle Chronotypen. In unserer am Morgen orientierten Gesellschaft sind frühe Chronotypen tatsächlich in der Minderheit, und es wird Zeit, dass die Gesellschaft allen circadianen Rhythmen gerecht wird, statt späte Chronotypen in einen für sie ungesunden Zeitplan zu zwingen.

Dies ist kein Manifest gegen frühe Chronotypen. Viele meiner Freunde sind frühe Chronotypen. Die Schriftstellerin Anaïs Nin sagte: »Wir sehen die Dinge nicht, wie sie sind, wir sehen sie, wie wir sind.«[22] Ich sehe und erlebe die Welt als später Chronotyp, will aber die Welt auch aus der Sicht eines frühen Chronotypen verstehen.

Wenn ich frühe Chronotypen treffe, dann habe ich manchmal den Eindruck, sie fühlen sich als Außenseiter in der sozialen Gemeinschaft. Während späte Chronotypen bis in die Nacht hinein arbeiten und feiern, haben frühe Chronotypen oft Probleme damit, abends wach zu bleiben. Oft glauben sie, abends langweilig für andere zu sein und betrachten späte Chronotypen als die aufregendere Gruppe.

Stellen Sie sich eine Gesellschaft vor, in der jedermanns Rhythmus respektiert wird. Ich führe keinen Kampf gegen frühe Chronotypen, sondern setze mich für eine Gesellschaft mit gleichen Chancen für alle circadianen Rhythmen ein. Diese Bemühungen sollen Vorteile für frühe und späte Chronotypen gleichermaßen bringen.

Zeitgerechtigkeit dreht sich um Fairness und die Schaffung gleicher Chancen für alle Chronotypen. Der erste Schritt auf dem Weg zu einer Gesellschaft, die alle circadianen Rhythmen unterstützt, ist, sich der Normen, Stereotypen und Vorstellungen bewusst zu werden, die bestimmen, wie Sie über circadiane Rhythmen denken. Unsere momentanen Annahmen und Normen sind von einer landwirtschaftlichen und industriellen Kultur geformt worden. Wir müssen die stigmatisierende Sprache über späte Chronotypen sowie die bewussten und unbewussten Überzeugungen abschaffen, dass die gute und produktive Person diejenige ist, die früh aufsteht und etwas aus ihrem Tag macht.

WIE TRENNEN WIR UNS VOM EINSCHRÄNKENDEN DENKEN ÜBER SPÄTE CHRONOTYPEN?

In ihrem Buch *The End of Bias: How We Can Change Our Minds* beschreibt Jessica Nordell, wieso es so schwer sein kann, unsere Stereotypen zu ändern: »Eine Möglichkeit ist, dass die Menschen sich gut fühlen, wenn sie an ihren Stereotypen festhalten und sie erfüllt sehen … die eigenen Stereotypen bestätigt zu finden, könnte sogar physiologisch angenehm sein.«[23]

Viele Bücher bekräftigen unsere Frühaufsteher-Stereotype. Die gesellschaftlichen Narrative verbinden frühes Aufstehen oft mit Disziplin, Ambition und Erfolg. *Der 5-Uhr-Club: Gestalte deinen Morgen und in deinem Leben wird alles möglich sein* von Robin Sharma verkaufte sich mehr als fünfzehn Millionen mal weltweit, *Miracle Morning: Die Stunde, die alles verändert* von Hal Elrod mehr als zwei Millionen mal. Darüber, wie man ein erfolgreicher Spätaufsteher wird, gibt es keine Bücher.

Unsere Kultur hängt in einer Agrargesellschaft fest. Die Arbeit hat sich von der Kuh zum Computer verlagert, doch unsere Kultur ist immer noch tief in der landwirtschaftlichen Kultur verwurzelt. Wir ernten heute Wissen, preisen aber dennoch unbewusst den Frühaufsteher, während wir den Spätaufsteher geringschätzen, weil er nicht in den Rhythmus der frühen Abende und frühen Morgen passt. Moralisierende Sprüche begleiten uns dabei: »Der frühe Vogel fängt den Wurm« oder »Früh zu

Bett und früh wieder auf macht den Menschen gesund, reich und klug.« Zusammen mit Songs wie »Good Morning«, »Bruder Jakob« und »Rise and shine, sleepy Joe« spiegeln sie ein normatives Ideal wider, das uns vorgibt, wie eine Person ihren Tag organisieren sollte. In den Augen der Gesellschaft geht der ideale Mensch früh zu Bett, steht früh auf und geht früh zur Arbeit. Das frühe Aufstehen ist ein Synonym dafür geworden, ein guter Mensch zu sein. Menschen, die lange schlafen, sind faul. Viele Kulturen feiern weiterhin den Frühaufsteher, was sich in Sprichwörtern aus der ganzen Welt beweist:

»Morgenstund hat Gold im Mund.«
»Der frühe Vogel fängt den Wurm.«
»À qui se lève matin, Dieu aide et prête la main.« (»Gott hilft denen, die früh aufstehen und leiht ihnen seine Hand.«)
»Chi dorme non piglia pesci.« (»Wer schläft, fängt keine Fische.«)
»A quien madruga Dios le ayuda.« (»Gott hilft dem, der früh aufsteht.«)
»早起的鳥兒有蟲吃.« (»Der frühe Vogel fängt den Wurm.«)[24]

Es gibt viele Ähnlichkeiten zwischen diesen Sprichwörtern. Stellen Sie sich eine italienische Familie vor, deren einzige Nahrungsquelle der Fisch im Meer ist. Steht sie nicht früh auf, um zu fischen, hat sie nichts zu essen. Hier ist das frühe Aufstehen überlebensnotwendig. In mehreren der Sprichwörter dient die Religion als Inspiration für die entscheidende Selbstdisziplin hinsichtlich angemessener Schlaf- und Wachzeiten. Gott hilft vor allem denen, die früh aufstehen.

Die Machtstruktur der Agrar- und Industriegesellschaften bevorzugte die Frühaufsteher. Es wird Zeit, unseren Blick zu erweitern und neue Werte in den moralischen Kompass des 21. Jahrhunderts aufzunehmen:

»Spät aufstehen – Großes leisten.«
»Langsame Morgenstunden, kraftvolle Abende.«
»Lange aufbleiben für kreative Ideen.«
»Der Abendstern führt den Weisen.«
»In der Stille der Nacht erwacht das Genie.«

In seinem Buch *Die kulturelle Entwicklung des menschlichen Denkens* beschreibt Michael Tomasello, wie gesellschaftliche Institutionen und Konventionen geschaffen und durch kulturelle Weitergabe von einer Generation zur nächsten bewahrt werden: »Der Prozess, über den Wissen und Fertigkeiten an Kinder ›weitergegeben‹ werden, ist in unterschiedlichen Kulturen ganz verschieden ... Erwachsene bieten ihren Kindern eine ganz beträchtliche Menge an direkten Anweisungen und Erklärungen, zumindest einige davon in Form von Sprache und anderen symbolischen Medien, über das eine oder andere Wissensgebiet, das von der Kultur geschätzt wird.«[25]

Unsere kulturellen Normen sollten die Vielfalt von Familien, Arbeitszeiten und circadianen Rhythmen in unserer wissensbasierten Gesellschaft widerspiegeln, anstatt strukturelle und kulturelle Ungerechtigkeiten über Generationen hinweg aufrechtzuerhalten.

In *The End of Bias* sagt Nordell, dass Kinder nur Stereotype entwickeln, wenn sie gelehrt werden, sich auf Gruppenunterschiede zu konzentrieren: »Es scheint, was die Grundlage für Vorurteile legt, sind nicht die wahrnehmbaren Unterschiede zwischen Menschen, sondern wie wichtig die Gesellschaft diese Unterschiede nimmt.«[26]

Von Generation zu Generation haben wir Institutionen und Zeitstrukturen aus den agrarischen und industriellen Gesellschaften übernommen, die späte Chronotypen krank machen. Das Privileg der Frühaufsteher muss enden. Was wäre, wenn wir als Eltern anfangen würden, neue Geschichten über die Vielfalt der Chronotypen zu erfinden und die Schönheit dieser natürlichen Variationen mit unseren Kindern zu teilen? Stellen Sie sich vor, welche Auswirkungen es haben würde, wenn wir sie neue Sprichwörter lehren, die feiern, wie einzigartig es ist, ein früher oder später Chronotyp zu sein? Ich habe Zwillinge – meine Tochter ist ein später, mein Sohn dagegen ein früher Chronotyp. Mein Traum für die Zukunft wäre es, dass jede Person, ob nun als früher oder als später Chronotyp geboren, die gleichen Chancen hat, aufzublühen. Sie müssen nicht lernen, ein frühes Aufstehen vorzutäuschen. Sie sind klug – wenn Sie es Ihrer inneren Uhr erlauben, Ihnen zu sagen, wann es Zeit ist, sich zu erheben.

»In der Vergangenheit kam der Mensch zuerst, in Zukunft muss das System zuerst kommen.«[27]

FREDERICK W. TAYLOR [1856-1915]
US-amerikanischer Ingenieur und Vater des Scientific Management, ein Vorreiter der Effizienz und Produktivität industrieller Praktiken.

KAPITEL 3

UNTERNEHMEN BEVORZUGEN FRÜHAUFSTEHER – EIN RUF NACH CHRONOINKLUSION

PFAHLSITZEN

Unternehmen bevorzugen Frühaufsteher. Manager sind eher denjenigen zugeneigt, die früh zur Arbeit erscheinen. Tatsächlich werden solche Angestellten bei Leistungsbewertungen höher eingeschätzt als diejenigen, die spät auftauchen, obwohl alle gleich viele Stunden arbeiten.[28] Das als Frühaufsteher-Bias bekannte Phänomen setzt »früh und wach am Morgen« gleich mit Produktivität und Pflichtbewusstsein. Diese Wahrnehmung passt zu den traditionellen Arbeitsstunden von neun bis fünf (oder früher) und damit ganz natürlich zu den Rhythmen der Frühaufsteher. Entsprechend fällt es diesen leichter, sich an die Strukturen anzupassen und in ihnen zu brillieren. Warum gilt ein Mensch als weniger produktiv, nur weil er einen aktiven Abend und einen ruhigen Morgen bevorzugt? Warum haben Frühaufsteher das Monopol auf Disziplin, nur weil sie früh aufstehen? Warum ist es in einer wissensbasierten Gesellschaft eine Sünde, bis 8 Uhr morgens zu schlafen, wenn immer mehr Arbeit zu anderen Tages- und Nachtzeiten erledigt werden kann?

Was würde es für die öffentliche Gesundheit bedeuten, wenn Menschen entsprechend ihren biologischen Uhren schlafen dürften, statt von ihren Weckern geweckt zu werden?

Die reglementierten Zeitpläne der Industriegesellschaft haben einen »Einer-für-alle«-Lebensstil erzwungen, bei dem die Arbeit im Büro zu einer festgelegten Zeit stattfindet – meist acht Stunden pro Tag von Montag bis Freitag.

Wir müssen diese veralteten Normen hinterfragen – die der Agrargesellschaft, die Frühaufstehen als Tugend betrachtete, und der Industriegesellschaft, die fünf Achtstundentage pro Woche vorschrieb. Wenn wir das tun, schaffen wir integrative Arbeitsplätze, die allen Chronotypen gleiche Chancen gewähren.

Indem sie den Nine-to-five-Rhythmus der Industriegesellschaft beibehalten, verpassen Unternehmen Produktivitätsgewinne. Die späten Chronotypen zahlen den Preis mit ihrer Gesundheit, wenn sie schon früh ins Büro müssen.

In einer wissensbasierten Gesellschaft ist es ein Mythos, dass der produktive Mensch früh erscheint und es faul und falsch ist, erst nach 9 Uhr aufzutauchen. Der Wissensarbeiter könnte genauso gut spät aufstehen und abends das Meiste schaffen. Menschen sind zu unterschiedlichen Tageszeiten produktiv.

Die wissensbasierte Gesellschaft erfordert die Einbeziehung verschiedener circadianer Rhythmen. Einzelpersonen, Unternehmen und Gesellschaft haben viel zu gewinnen, wenn wir die Vorurteile gegenüber den spätern Chronotypen aufgeben und soziale Akzeptanz und Respekt für unsere circadiane Vielfalt schaffen.

Die COVID-19-Pandemie hat zum weltgrößten Experiment im Zuhausearbeiten geführt. Seitdem beschränkt sich die Debatte über die Flexibilität vor allem darauf festzustellen, wie viele Angestellte im Büro sind und wie viele im Homeoffice. Es gibt einen Kampf darum, wer entscheiden darf, wo die Arbeit verrichtet wird.

Einige globale Unternehmen rufen ihre Angestellten wieder für fünf Tage in der Woche zurück ins Büro.[29] Das ist ein Beispiel für die Kontrolle des Industriezeitalters über Zeit und Körper – das System wird über die Menschen gestellt. Wir können die Strukturen und Rhythmen der Vergangenheit in unserem Arbeitsmarkt immer noch erkennen.

Manche Arbeiter kündigen, um in ihrem Leben mehr Freiheit und Ausgleich zu finden. Sie finden die Freiheit außerhalb der Arbeit.

Andere Unternehmen führen die Viertage-Arbeitswoche ein, weil sie glauben, dass dies mehr Freiheit im Arbeitsleben bringt. Es stellt sich jedoch die Frage: Ist die Viertagewoche wieder nur ein neuer »Einer-für-alle«-Ansatz, der an die Ära der Industrialisierung erinnert: Angestellte müssen immer noch für acht bis zehn Stunden im Büro sein, nur eben vier Tage in der Woche?! Trotz ihrer modernen Fassade ist die Viertagewoche vielleicht doch nur ein maskiertes Modell der Industriegesellschaft, das immer noch die Autonomie der Menschen einschränkt, zu arbeiten, wann und wo sie wollen.

Führungskräfte sollten der »Zeit« mehr Aufmerksamkeit schenken, wenn sie eine flexible und inklusive Arbeitskultur schaffen. Die Pandemie gab uns eine nie zuvor erlebte Autonomie. Sie bot uns die Chance, selbst zu entscheiden, wie wir unsere Arbeitstage strukturieren.[30] Eine wirklich flexible und inklusive

Arbeitskultur geht weit über die Wahl zwischen Büro und Homeoffice hinaus. Sie bietet den Menschen größere Freiheit und Kontrolle über ihre Zeit und erlaubt es ihnen, so zu arbeiten, wie es ihren Bedürfnissen und circadianen Rhythmen am besten passt.

Bei Chronoinklusion geht es um Zugehörigkeit. Laut den Global Human Capital Trends 2020 von Deloitte ist der wichtigste Trend, Arbeitsorte zu schaffen, denen die Angestellten sich zugehörig fühlen. In der Umfrage gaben 93 % der Manager an, dass das Gefühl der Zugehörigkeit zur Arbeit die Leistung stärkt.[31]

Wie können Führungskräfte Chronoinklusion schaffen? Zuerst müssen sie erkennen, welche Werte wichtig sind. Welche Angestellten werden bevorzugt? Sind es frühe Chronotypen, die die besten Parkplätze vor der Firma bekommen? Gibt es freie Sitzplätze im Büro und gehen die besten davon immer an die Frühaufsteher?

Ich glaube, dass wir in Zukunft chronoinklusive Arbeitsplätze erschaffen müssen, damit die Menschen die Freiheit haben, ihre Arbeitsstunden im Einklang mit ihren angeborenen circadianen Rhythmen zu verrichten, und unterschiedliche Arbeits- und Familienrhythmen gelebt werden können. In Kapitel 10, »Chronoleadership – Zeitrhythmen und -strukturen an die Menschen anpassen« werde ich Ihnen zeigen, wie Sie ein chronoinklusiver Chef werden und einen Arbeitsort für alle Chronotypen aufbauen können.

FAZIT

Wir alle werden mit einem einzigartigen circadianen Rhythmus geboren: einem Schlaf-Wach-Zyklus, der stark von unseren Genen bestimmt wird. Manche Menschen schlafen von Natur aus früh ein und wachen früh auf [Morgenmenschen], während andere es später tun [Abendmenschen].

- Chronodiversität oder die Variation in den circadianen Rhythmen ist vermutlich eine evolutionäre Anpassung. Forschungen zum Jäger-Sammler-Volk der Hadza in Tansania zeigten, dass ihre unterschiedlichen Schlafmuster garantierten, dass nachts wenigstens immer eine Person wach oder im Halbschlaf war, was die Sicherheit der Gruppe stärkte.

- Schlafdauer bezieht sich auf die tatsächliche Menge an Schlaf, wobei die individuellen Bedürfnisse zwischen sechs und elf Stunden pro Nacht liegen. Schlaftiming oder circadianer Rhythmus bezieht sich auf das optimale Schlaffenster innerhalb von 24 Stunden. Beide sind wichtig für optimale Gesundheit und Produktivität.

- Professor Till Roennebergs Forschungen teilen die Chronotypen in Kategorien von extrem früh bis extrem spät ein, wobei die Mehrheit der Menschen irgendwo dazwischen liegt. 2017 zeigten Daten der MCTQ in Deutschland, dass 29,3 % der Menschen frühe, 29,8 % mittlere oder neutrale und 40,9 % späte Chronotypen sind.

- Sozialer Jetlag tritt auf, wenn es zu einem Auseinanderdriften zwischen der biologischen Uhr einer Person und ihren gesellschaftlichen Verpflichtungen kommt. Diese Fehlabstimmung kann zu einem erhöhten Risiko für Infektionen, Krebs, Fettleibigkeit, Typ-2-Diabetes und Herz-Kreislauf-Erkrankungen führen. Roennebergs Studien zeigen, dass ein Großteil der Gesellschaft zu einem gewissen Grad an sozialem Jetlag leidet, was signifikante Auswirkungen auf die Gesundheit hat.

- Um die öffentliche Gesundheit und Produktivität zu verbessern, ist es wichtig, die gesellschaftlichen Strukturen an die verschiedenen circadianen Rhythmen anzupassen. Dazu gehört auch die Anerkennung der Grenzen des traditionellen Nine-to-five-Arbeitstages und das Ermöglichen flexibler Arbeits- und Schultage.

- Die aktuellen Zeitstrukturen der Gesellschaft mit ihren Wurzeln in der agrarischen und industriellen Epoche stigmatisieren häufig die späten Chronotypen. In Zukunft sollten wir einen integrativeren Ansatz fördern, der die einzelnen circadianen Rhythmen respektiert und es Menschen erlaubt, im Einklang mit ihnen zu leben.

In Teil 2 werde ich Ihnen davon berichten, wie wir zu Jüngern der Uhr geworden sind und gelernt haben, uns an ein Zeitsystem anzupassen. In Teil 3 konzentriere ich mich darauf, wie wir von der Uhrzeit zur natürlichen Zeit kommen und im Einklang mit unseren biologischen Uhren leben können.

TEIL 2

VON DER NATÜRLICHEN ZEIT ZUR UHRZEIT

»Ich protestiere gegen die ständige Eile ... Aufstehen vor Tagesanbruch beim Läuten der Glocke – und Verlassen der Fabrik beim Läuten der Glocke – los geht's in Fabrik und bei der Arbeit gehorsam zum Dingdong der Glocken – als wären wir lebende Maschinen.«[32]

THE LOWELL OFFERING [1840–1845]
Das Lowell Offering war eine Monatszeitschrift, geschrieben und herausgegeben von den »Mill Girls« der Textilfabriken in Lowell, Massachusetts, einer der ersten Industriestädte in den Vereinigten Staaten von Amerika.

KAPITEL 4

DIE ERFINDUNG DER MECHANISCHEN UHR

MENSCHEN IN EINER UHR

Über Hunderte von Jahren wurden Arbeiter dazu angehalten, früh am Tag zur Arbeit zu kommen und nachmittags wieder nach Hause zu gehen. Alles begann mit einer läutenden Glocke. Aus einer Glocke wurden immer mehr, die von Rathäusern und Kirchtürmen schallten. Dann kamen Schulglocken und Fabriksirenen hinzu. Kirchen- und Schulglocken sowie Fabriksirenen repräsentieren die Zeitarchitektur der Vergangenheit.

Jede Gesellschaft hat ein Zeitsystem in Form eines Kalenders, der die soziale Ordnung aufrechterhält. Diese Ordnung würde in sich zusammenfallen, wenn jeder nach seinem eigenen System lebte.[33] Stellen Sie sich vor, Sie organisierten Ihr Leben nach einem Kalender mit 427 Tagen im Jahr, während mein Kalender 286 Tage hätte. Wie würden wir zusammenkommen? In der Praxis ist es sinnvoll, dass wir alle demselben Kalender mit 365 Tagen im Jahr, sieben Tagen in der Woche und 24 Stunden am Tag folgen. Wir nehmen den Kalender als gegeben hin, obwohl er das Ergebnis vieler Verhandlungen und Machtkämpfe ist.

Kinder übernehmen die Zeitstrukturen der Gesellschaft: »Die Grundidee ist, dass Kinder von ihrer Gesellschaft ein ganzes System an Konzepten erben, die ihre Vorfahren als nützlich erachtet haben, um ihre Welt zu kategorisieren und zu organisieren. Indem sie die Wörter einer herkömmlichen Sprache erwerben, lernen Kinder, die Welt auf eine Art einzuteilen, die auch andere aus ihrer Kultur – für ihre Myriaden an kommunikativen Zwecken – im Laufe der gesamten Kulturgeschichte ihrer kulturellen Gruppe nützlich fanden«, sagt Michael Tomasello in seinem Buch *Mensch werden*.[34]

Menschen werden ohne das Konzept der Zeit geboren. Wir leben in einem »ewigen Jetzt« und kennen keine Einteilung der Zeit in Vergangenheit, Gegenwart und Zukunft. Es gibt ein sogenanntes »Gestern« und etwas, das »Morgen« genannt wird, erzählen uns unsere Eltern, wenn Sie uns die Zeit lehren. Mit etwa fünf Jahren kennen wir die Wochentage, aber erst mit ungefähr sechzehn sind wir in der Lage, unser Leben nach der Uhrzeit zu organisieren.[35]

Die Uhrzeit ist eine kulturelle Zeit und die Fähigkeit, die Uhrzeit zu ermitteln und pünktlich zu sein, ist Bedingung für ein gesellschaftlich verantwortliches Leben. Wir respektieren die Zeit der anderen, wenn wir Verabredungen und Termine einhalten, und das Befolgen der Uhrzeit ist daher eine Frage von Respekt und Akzeptanz anderer Menschen. Da Menschen soziale Wesen sind, bemühen wir uns, die Akzeptanz der Gemeinschaft zu erringen. Beim Heranwachsen lernen wir, uns den Zeitstrukturen und Rhythmen der Gesellschaft zu unterwerfen, damit wir uns in ihr zurechtfinden, sei es in der Schule oder am Arbeitsplatz, im gesellschaftlichen System oder in der Freizeit.[36]

Ich war schon immer von der Zeit und ihrer Rolle bei der Organisation unseres Lebens fasziniert.

2004 verbrachte ich während meiner Doktorarbeit drei Monate in Peking. Dort besuchte ich den 1272 erbauten Trommelturm. Im Osten wurde im 13. Jahrhundert die Zeit durch das Schlagen von Trommeln angezeigt. Im Inneren des Turmes stieß ich auf den folgenden kleinen Text über die Zeit: »Der Mensch begann schon vor langer Zeit, die Zeit zu studieren, dennoch ist der Ursprung der Zeit immer noch ein Geheimnis.«

Die erste Uhr der Menschen bestand aus einem Stock, der in den Boden gesteckt wurde. Durch die Bewegung des Schattens im Laufe des Tages sah man, wie der Tag verstrich. Die Sonnenuhr war lange das vorherrschende Mittel der Zeitanzeige.[37] Dann kamen die Wasseruhr und die Sanduhr, auch als Stundenglas bezeichnet, bevor Trommeln und Glocken begannen, den Völkern in Ost und West die Zeit zu trommeln und zu läuten.

Doch nicht nur die Organisation der 24 Stunden hat die Menschheit interessiert. Die Babylonier beobachteten den Mond und schufen um 3000 v. Chr. den ersten Mondkalender. Es liegen ungefähr sieben Tage zwischen jeder Mondphase: Neumond, erstes Viertel, Vollmond und letztes Viertel, und während eines Sonnenjahres kommt es ungefähr zwölfmal zu einem Vollmond. Diese Verhältniswerte bilden die Grundlage für die Berechnung unseres Kalenders, eines Systems aus zwölf Monaten mit Wochen, die aus sieben Tagen bestehen.

Im Jahre 46 v. Chr. führte Julius Caesar eine Kalenderreform durch, in deren Zuge er den Monat Juli nach sich selbst benannte. Er beauftragte den Astronomen Sosigenes damit, den Kalender enger an das Sonnenjahr anzupassen. In der Folge wechselten die Monate in der Länge zwischen 30 und 31 Tagen. Ausgenommen ist der Februar, der nur 28 Tage hatte. Zur Synchronisierung mit dem Sonnenjahr hatte das erste Jahr des Julianischen Kalenders 445 Tage. Allerdings war der Julianische Kalender 11 Minuten und 14 Sekunden länger als ein Sonnenjahr, was dazu führte, dass er 1582 bei der von Papst Gregor XIII. initiierten Kalenderreform durch den Gregorianischen Kalender ersetzt wurde.

Um den Kalender und das Sonnenjahr zu synchronisieren, ordnete Gregor an, dass im Oktober zehn Tage übersprungen werden sollten. Man ging also am Donnerstag, dem 4. Oktober 1582, zu Bett und wachte am Freitag, dem 15. Oktober 1582, wieder auf. Diese Anpassung war fast wie eine Zeitreise. Darüber hinaus führte Gregor das Konzept der 97 Schaltjahre innerhalb eines Zeitraums von 400 Jahren ein. Die katholischen Länder übernahmen den Gregorianischen Kalender sehr schnell, während protestantische Länder zögerten, sich einem Dekret des Papstes anzuschließen.

Dänemark führte den Gregorianischen Kalender 1699 ein, Schweden folgte 1752 und Griechenland stieß erst 200 Jahre später, nämlich 1923 dazu.

Obwohl die meisten von uns die Beziehung zur Zeit als gegeben hinnehmen, hat sie sich im Laufe der Geschichte beträchtlich gewandelt. Rückblickend können wir feststellen, dass wir unser Leben nicht immer nach der Uhrzeit strukturiert haben.

»Bruder Jakob, Bruder Jakob!
Schläfst du noch?
Schläfst du noch?
Hörst du nicht die Glocken?
Hörst du nicht die Glocken?
Ding dang dong,
ding dang dong.«

Verse des klassischen Kinderliedes **»BRUDER JAKOB«,** das im französischen Original »Frère Jacques« heißt und in viele Sprachen übersetzt wurde.

KAPITEL 5

MÖNCHE WAREN DIE ERSTEN JÜNGER DER UHR

DIE GESCHICHTE DER ZEIT

Im Mittelalter wurden die Arbeitsrhythmen auf dem Land durch die Bedürfnisse der Pflanzen und Tiere bestimmt, und eine Stunde war im Sommer länger als im Winter. Es war eine zyklische Zeit, in der die Natur den Rahmen für das menschliche Leben bildete. Der Tagesablauf eines Menschen wurde durch konkrete Aufgaben festgelegt: Arbeitszeit, Marktzeit, Essenszeit, Zeit des Lampenentzündens und Schlafenszeit.[38] Zeit war ein eher lockeres Konzept in der mittelalterlichen Gesellschaft, in der das tägliche Leben durch religiöse Feste, Märkte und den Wechsel der Jahreszeiten gekennzeichnet und strukturiert war.[39]

Es gab hier keine Uhrzeit und es wäre sinnlos gewesen, nach der Zeit zu fragen – zumindest bis zur Erfindung der mechanischen Uhr im Jahre 1283.[40] Nehmen Sie einmal den Ursprung des englischen Wortes »clock«. Es geht genau wie das deutsche Wort »Glocke« auf das mittellateinische Wort *clocca* zurück, das eine Schelle oder Glocke bezeichnet. Die Glocke begann zu läuten, und die Ersten, die ihr diszipliniert folgten, waren die Mönche. Schon bald schloss der Rest der Bevölkerung sich ihnen an.

Die Mönche waren die Ersten, die ihr Leben nach der Uhr organisierten, indem sie den Tag in Zeiten und Rituale einteilten. Zum Klang der Glocke zerlegten die Mönche die 24 Stunden des Tages in Teile: Zeit zum Arbeiten, zum Studieren, zum Beten, zum Essen und zum Schlafen. Glocken läuteten in der Kapelle, der Bibliothek, den Schreibkammern, auf den Feldern, in den Werkstätten, der Küche und der Wäscherei und riefen zur Pflichterfüllung auf.[41]

Es besteht kein Zweifel daran, dass die Lebensweise der Mönche großen Einfluss auf unseren heutigen Umgang mit dem 24-Stunden-Tag hat. Klosterglocken halfen, das mönchische Leben zu organisieren und diese Zeitdisziplin schlich sich nach und nach in die anderen Bereiche der Gesellschaft ein. Glocken verbreiteten sich im 13. Jahrhundert immer weiter in Europa. Rathausglocken gaben Städten eine hörbare Identität, indem sie Stunden, Feuer, Begräbnisse,

Arbeitszeiten und Versammlungen ankündigten. Je höher der Rathausturm war, umso mächtiger war die Stadt.[42] Rathausuhren waren nicht sehr genau, doch die Menschen wurden zu Jüngern der Uhr und so verbreitete sich die Befolgung der Zeit allmählich von den Klöstern auf das gemeine Volk. Die natürliche Zeit wurde in weniger als einem Jahrhundert durch die Uhrzeit ersetzt. In seinem Buch *In Praise of Slowness* beschreibt der kanadische Journalist und Verfechter der »Slow«-Bewegung Carl Honoré, wie die zeitliche Organisation des Arbeitslebens die Menschen in Köln zwischen 1374 und 1398 verändert hat: »Innerhalb einer Generation vollzogen die Menschen in Köln den Übergang vom Niemals-genau-wissen-wie-spät-es-ist zu einem Leben, bei dem eine Uhr diktierte, wann sie arbeiten, wie lange sie essen und wann sie jeden Abend nach Hause gehen durften.«[43]

Die Menschen verloren damals einen wichtigen Zeitkampf – einen Kampf, der große Auswirkungen darauf hatte, wie wir heute unser Leben organisieren. Stellen Sie sich vor, Sie würden im 14. Jahrhundert in Köln leben und müssten auf einmal einer Rathausglocke gehorchen, die durch ihr Läuten vorschreibt, wann sie zur Arbeit gehen, wann sie eine Mittagspause einlegen und wann sie nach Hause gehen müssen. Die Person, die die Glocke läutet, hat die Macht. Wer läutete die Glocke? Und warum gehorchen wir immer noch den geräuschlosen Glocken in unserem Inneren? Es ist bemerkenswert, dass wir unser Leben immer noch nach den Glocken richten, die unsere Vorfahren gemaßregelt haben.

Statt der Rathausglocken klingeln heute Wecker, wenn wir aufstehen und zur Arbeit gehen sollen. Das Mittagessen ist immer noch gegen 12 Uhr, auch wenn wir vielleicht gar nicht hungrig sind – es ist aber nun einmal 12 Uhr!

Bis zum Ende des 19. Jahrhunderts wurde die Zeit lokal festgelegt. Wenn die Sonne ihren Höchststand erreicht hatte, war Mittag. Zu einem Problem wurde dies allerdings mit der Erfindung der Eisenbahn: Es war nahezu unmöglich, verlässliche Fahrpläne aufzustellen, wenn jede Stadt ihre eigene Zeit hatte. So musste man zum Beispiel 1870 seine Uhr fast 200-mal neu stellen, wenn man mit dem Zug quer durch die USA reiste. Um dieses Problem zu beheben, schlug der kanadische Eisenbahningenieur Sir Sandford Fleming vor, die Erde in 24 Zeitzonen zu unterteilen und so die Zeit global zu standardisieren.[44] Innerhalb jeder Zone sollte dieselbe Zeit herrschen. Auf der International Meridian Conference 1884 wurde die Erde in 24 Zeitzonen aufgeteilt. Der Null- oder Bezugsmeridian wurde nach Greenwich, England, gelegt.

Das Umsetzen der 24 Zeitzonen der Erde war alles andere als einfach: Es war und ist ein Machtspiel, genau wie die Erschaffung unseres Kalendersystems. Die Kontrolle über die Zeit ist oft ein Ausdruck größerer politischer Ambitionen. So lehnte es etwa Frankreich bis 1911 ab, Greenwich als Ort des Bezugsmeridians zu akzeptieren und forderte stattdessen Paris als Nullpunkt für die Zeitmessung. 1949 festigte der »Große Vorsitzende« Mao Zedong die nationale Einheit, indem er ganz China ungeachtet seiner riesigen geografischen Ausdehnung in eine einzige Zeitzone legte – die Peking-Zeit. Australien dagegen unterhält drei Zeitzonen. In einer politischen Geste der Solidarität mit Hitler wechselte der spanische Diktator Francisco Franco mit Spanien in den 1940er-Jahren auf die Mitteleuropäische Zeit, die in Deutschland galt. Aus diesem Grund liegt Spanien, das sich genau nördlich von Marokko befindet, in derselben Zeitzone wie Deutschland und ist damit seinem südlichen Nachbarn eine ganze Stunde voraus.[45]

Die Eisenbahn läutete ein neues Zeitalter ein, in dem die Menschen die Zeit nicht mehr nur hörten, sondern sie sahen – und in der Tasche mit sich herumtrugen. die Taschenuhr wurde erfunden und machte die Zeit sichtbar. Es lag Status darin, die Zeit im Blick zu behalten, denn wenn Züge pünktlich fuhren, war es wichtig, die Zeit auf Stunde und Minute genau zu wissen. Fuhr der Zug nach Berlin um 17.54 Uhr ab, dann verpasste man ihn, wenn man erst 17.56 Uhr am Bahnhof eintraf.

Uhren waren nicht nur für den Eisenbahnbetrieb wichtig, sondern auch für das Arbeitsleben. Zweifellos waren es die Erfindung der mechanischen Uhr und das nachfolgende Installieren von Kirchen- und Rathausglocken, die den Takt für die industrielle Entwicklung vorgaben.

»Wer kauft wessen Zeit? Wessen Zeit ist wie viel wert? Wessen Zeitplan muss sich nach wem richten, und wessen Zeit gilt als verkäuflich? Das sind keine individuellen Fragen, sondern kulturelle, historische.«

JENNY ODELL
in *Saving Time: Discovering a Life Beyond the Clock*[46]
Autorin aus Oakland, Kalifornien.

KAPITEL 6

DIE UHR UND DAS INDUSTRIELLE ZEITSYSTEM

INDUSTRIEARBEIT AM FLIESSBAND

Die Erfindung der Uhr markierte den Beginn der Industrialisierung. Arbeit wurde in Zeit gemessen. In den Fabriken standen Stechuhren, und Arbeitslohn hing von der Zeitdauer zwischen Ein- und Ausstechen ab. Mit den Stechuhren konnte man auch Überstunden und andere Abweichungen von der Norm kontrollieren. So wurde dem Hirn die industrielle Denkweise eingetrichtert, und wir wurden darauf trainiert, immer zur gleichen Zeit die gleiche Anzahl an Stunden zu arbeiten.

Dirigent hinter dem Takt der Industriearbeit war der amerikanische Ingenieur Frederick Winslow Taylor. Nach dem Erwerb seines Ingenieurabschlusses arbeitete Taylor für die Midvale Steel Company, wo er seine Studien zur Produktivität der Arbeiter durchführte.[47]

Im Jahre 1911 beschrieb er in *The Principles of Scientific Management* (dt. Übersetzung 2011: *Die Grundsätze wissenschaftlicher Betriebsführung*) Techniken zur

Rationalisierung der Massenproduktion, also Methoden zur Verbesserung der wirtschaftlichen Effizienz und Arbeitsproduktivität durch das systematische Studium und die Standardisierung der Arbeitsprozesse. Da alle gleich lang und am gleichen Arbeitsplatz arbeiteten, ließ sich Industriearbeit ideal optimieren. Taylor studierte die Bewegungen und Rhythmen der Arbeiter und war überzeugt, dass die effizienteste Produktionsmethode aus der Eliminierung überflüssiger Bewegungen resultiert. Er betonte, wie wichtig es sei, Arbeiter darin zu trainieren, Aufgaben auf standardisierte Art zu verrichten. Sie mussten nicht geschult, sondern nur sehr produktiv bei ihrer jeweiligen Aufgabe sein, für die es nur eine Methode gab, um sie am produktivsten auszuführen.

Am Industriearbeitsplatz war die körperliche Arbeit sowohl sichtbar als auch messbar. Das Management hatte die Aufgabe, Rhythmus und Geschwindigkeit unter den Arbeitern aufrechtzuerhalten. Der Arbeiter wurde als Maschine betrachtet, die immer wieder synchron die gleiche Bewegung auszuführen hatte.

Henry Ford setzte auf Scientific Management und war der Erste, der ein Auto »massenproduzierte«. Er sagte: »Ich werde ein Auto für die große Mehrheit herstellen ... zu einem so niedrigen Preis, dass jeder Mann, der einen anständigen Verdienst hat, sich eines leisten und mit seiner Familie die Segnungen der freudvollen Stunden in Gottes großen, weiten Fernen genießen kann.«[48]

DIE NOTWENDIGE ZEIT, UM EINEN FORD MODELL T ZUSAMMENZUBAUEN – VOR UND NACH DER EINFÜHRUNG DES SCIENTIFIC MANAGEMENT[49]

Taylors Prinzipien erhöhten die Produktivität und Effizienz ganz beträchtlich. Jedoch mussten sich die Menschen dafür an das System anpassen. Das funktionierte in der Industriegesellschaft, in der Maschinen und Gebäude mehr als 80 % des Unternehmenswertes bildeten. Die Industrielle Revolution und Taylors Grundsätze des Scientific Management hatten allerdings auch negative Auswirkungen auf die Gesundheit, Kreativität und Lebensqualität der Arbeiter. Die Grundsätze des Scientific Management betonten die strenge Kontrolle und Überwachung der Arbeiter und ließen kaum Platz für persönliche Autonomie und Entscheidungsfindung.

Heute bestimmen immaterielle Güter 90 % des Marktwertes der S&P-500-Firmen.[50] Der Wert von Unternehmen im 21. Jahrhundert begründet sich also vor allem in Wissen, Netzwerk, Marken, Kundenbeziehungen,

Prozessen usw. Dieser Wandel führte zu Arbeitssituationen, die zunehmend unabhängig von Zeit und Ort ausgeführt werden können. Entscheidend ist: Der von einem Wissensarbeiter geschaffene Wert hängt mehr von persönlichen Faktoren als von definierten Arbeitszeiten und -orten ab. Es geht mehr um das wie, wann und mit wem wir arbeiten. Wissensarbeit ist eine kontinuierliche Aktivität.

Wenn ein Unternehmen einen Wissensarbeiter einstellt, dann muss es nicht mehr die physischen Bewegungen am Fließband kontrollieren. Stattdessen entstehen die Werte durch Denkprozesse, und diese kann man nicht beobachten. Um 8 Uhr früh im Büro zu sein, obwohl Sie mental noch nicht »da« sind, weil Ihr circadianer Rhythmus etwas anderes vorgibt, ist eine Verschwendung von menschlichen und damit von Unternehmensressourcen.

Es wird Zeit, die Stechuhren zu verschrotten und sich von den Nine-to-five-Rhythmen der Industriegesellschaft zu verabschieden. Die Rhythmen und Strukturen von Arbeitsmarkt und Bildungssystem entstanden in der Industriegesellschaft. Heute gibt es mehr als eine Milliarde Wissensarbeiter auf der Erde. Anstatt uns in ein Zeitsystem zu pressen, sollten wir Zeitrhythmen und -strukturen an die Menschen anpassen. Das Wissen um die Chronobiologie kann Organisationen helfen, gesündere, nachhaltigere und produktivere Arbeitsbedingungen zu erschaffen.

FAZIT

Das Interesse der Menschen an der Zeitmessung begann mit einfachen Hilfsmitteln wie der Sonnenuhr und führte zu komplexen Konstruktionen wie mechanischen Uhren und Kalendern.

- Im Mittelalter wurde das tägliche Leben durch natürliche und landwirtschaftliche Kreisläufe bestimmt. Das Konzept der festen Uhrzeit existierte noch nicht.
- Mönche waren die Ersten, die ihr Leben nach der Uhrzeit organisierten, indem sie den Tag in spezielle Zeiträume zum Arbeiten, Studieren, Beten und Essen unterteilten.
- Zeitsysteme werden kulturell weitervererbt und bestimmen, wie Kinder lernen, ihr Leben zu organisieren.
- Die Industrielle Revolution basierte auf der Uhr.
- Taylors Herangehensweise revolutionierte die Industrie. Beispielhaft dafür ist Henry Fords Umsetzung des Scientific Management bei der

Massenproduktion von Autos. Die Ergebnisse waren beeindruckend – Produktionszeiten und -kosten sanken drastisch. Allerdings ging dieses strikte System auf Kosten der Menschen. Die rasante Effizienzsteigerung führte zu monotonen, menschenunwürdigen Arbeitsbedingungen, bei denen die Menschen wie Maschinen behandelt wurden. Kreativität, Autonomie und die Lebensqualität insgesamt wurden erstickt.

- In der heutigen Zeit sind 90 % des Wertes eines Unternehmens immateriell. Das unterstreicht den Bedarf an flexiblen Arbeitszeiten, die den natürlichen Rhythmen und persönlichen Umständen der Angestellten entsprechen. Der Nine-to-five-Arbeitstag, ein Relikt der Industriegesellschaft, ist für die Mehrheit der Wissensarbeiter nicht mehr angemessen.

Wie können wir neue, nachhaltige Rhythmen in Gesellschaft, Arbeit und Schule schaffen, die einer Vielzahl an circadianen Rhythmen gerecht werden?

TEIL 3

VON DER UHRZEIT ZUR NATÜRLICHEN ZEIT

»Menschen, die jeden Tag ausreichend Zeit draußen verbringen, schlafen nachts besser und länger und sind gesünder. Außerdem leben sie länger.«

MARTIN MOORE-EDE in *The Light Doctor*[51]
Der Professor an der Harvard Medical School ist bekannt für seine bahnbrechenden Forschungen zu den circadianen Rhythmen und ihren Auswirkungen auf die menschliche Gesundheit.

KAPITEL 7

SIE WURDEN MIT EINER INNEREN UHR GEBOREN

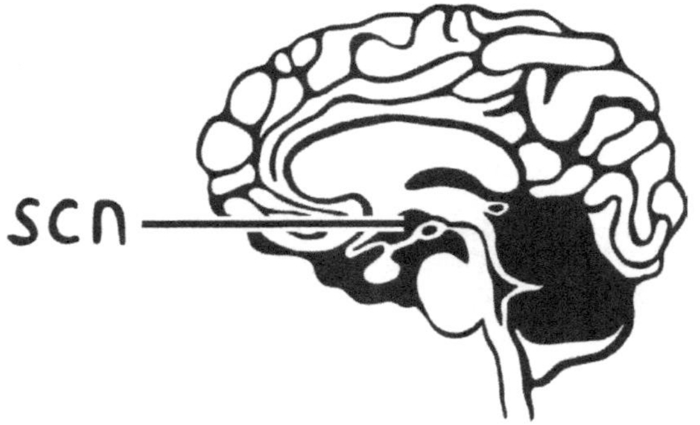

DER SCN IM GEHIRN

Die Erde ist ungefähr 4,6 Milliarden Jahre alt und eine ganze Umdrehung dauert etwa 24 Stunden – genauer gesagt 23 Stunden, 56 Minuten und vier Sekunden. Um sich an die Drehung der Erde um ihre Achse anzupassen, haben Menschen, Pflanzen und Tiere einen inneren circadianen Rhythmus. Das Wort circadian leitet sich aus dem lateinischen *circa diem* ab und bedeutet »etwa ein Tag«. Die Zeitgene – unser inneres Uhrwerk – halten nur ein lockeres 24-Stunden-Muster ein.

2017 wurden die drei amerikanischen Chronobiologen Jeffrey C. Hall, Michael Rosbash und Michael W. Young mit dem Nobelpreis für Medizin ausgezeichnet, weil sie die molekularen Mechanismen entdeckt hatten, die den menschlichen circadianen Rhythmus steuern. Man wird mit einer inneren biologischen Uhr geboren, einer »Master-Clock«, die im Gehirn im Hypothalamus zu finden ist. Man nennt sie den suprachiasmatischen Kern bzw. Nucleus oder kurz SCN.

DIE MASTER-CLOCK DES GEHIRNS

Im SCN befinden sich eine Reihe von Zellen, die besonders aktive »Uhrengene« enthalten. Diese synchronisieren den Körper auf die 24 Stunden des Tages. Der Körper besteht aus 30 Milliarden Zellen in Organen und Gewebe. Und jede dieser Zellen enthält eine biologische Uhr. Die Uhren all dieser Zellen werden durch die Master-Clock, den SCN, gesteuert. Der SCN ist ein Zeitmesssystem für fast alle physiologischen Prozesse in unserem Körper. Im Laufe der 24 Stunden steuert der SCN den Rhythmus aller grundlegenden Körperprozesse: Wann wir schlafen und aufwachen, Hormonpegel, Muskelstärke, Metabolismus, Körpertemperatur, Blutdruck und kognitive Funktionen.[52]

Die Biologie zeichnet sich durch Variation aus. Manche Menschen sind größer als zwei Meter, während andere nur 1,60 Meter erreichen. Manche Menschen haben kleine Füße, andere dagegen riesige. So ist das auch mit unserer inneren biologischen Uhr. Manche Menschen haben eine innere Uhr, die schnell läuft, während sie bei anderen langsam tickt. Manche Menschen schlafen früh ein und wachen früh auf, andere dagegen schlafen später ein und wachen später auf. Alle Menschen haben eine einzigartige und persönliche biologische Uhr.

Um sich an die Rotation der Erde um ihre Achse anzupassen, besitzt die biologische Uhr einen besonderen Synchronisationsmechanismus. Der SCN braucht Signale von außerhalb des Körpers, um seinen Kreislauf täglich zu justieren. Das wichtigste dieser Signale ist das Tageslicht – genauer gesagt, die himmelblaue Farbe im Tageslicht.[53] Säugetiere nehmen Licht über spezielle Lichtrezeptorzellen auf der Rückseite des Auges wahr. Wenn Sonnenlicht auf das Auge trifft, dann senden sogenannte Ganglien über besondere Wege im Sehnerv eine Botschaft an den SCN. Zum Synchronisieren unserer inneren Uhren mit der Erdrotation ist der Kontrast zwischen Hell und Dunkel wichtig.

Die Master-Clock unseres Gehirns entwickelte sich vor 500 Millionen Jahren in den Ozeanen. Meerwasser absorbiert alle Farben aus dem Spektrum des Sonnenlichtes bis auf Himmelblau. Unterhalb von 200 Metern ist tagsüber nur blaues Licht sichtbar, nachts herrscht völlige Dunkelheit. Das himmelblaue Licht war ein Synchronisationssignal für Lebensformen, darunter auch für die uralten Bakterien, die vor einer halben Milliarde Jahren die Ozeane bevölkerten. Es ist bemerkenswert, dass wir den Synchronisationsauslöser mit diesen frühen Organismen teilen und unser evolutionäres Erbe dadurch mit ihnen verbunden ist.[54]

HELL UND DUNKEL STELLEN UNSERE UHREN

Als Thomas Edison 1879 seine Glühlampe zum Patent anmeldete, gab es im menschlichen Leben einen deutlichen Unterschied zwischen Hell und Dunkel. Man konnte nicht einfach das Licht einschalten, und so war es entweder sehr dunkel in der Nacht oder sehr hell am

Tag, je nach Jahreszeit und geografischer Lage. Wenn das einzige Licht, das Sie haben, eine Kerze im Abstand von einem Meter ist, dann erfahren Sie ein sogenanntes Lux. Licht wird in der Einheit Lux gemessen. Stellen Sie sich zum Vergleich vor, Sie würden in Ihrem Wohnzimmer arbeiten, das von einem elektrischen Licht mit 300-400 Lux erhellt wird. Wenn Sie an einem bewölkten Tag nach draußen – ins Tageslicht – gehen, erfahren Sie 10.000 Lux. An einem sonnigen Tag sind es 100.000 Lux.

Stellen Sie sich nun einen Bauern in den 1850er-Jahren vor. Dieser verbringt seinen Arbeitstag draußen bei Licht zwischen 10.000 und 100.000 Lux, gefolgt von einem Feierabend im Haus bei nur wenigen Lux im Kerzenschein. Der riesige Kontrast zwischen Tag und Nacht, den es damals bei der Landbevölkerung gab, erleichterte es dem SCN, deren Schlaf-Wach-Rhythmus mit der Drehung der Erde zu synchronisieren.

Heute halten sich viele von uns ganze Tage in Innenräumen bei künstlichen Lichtstärken von 300-400 Lux auf und erleben nur selten das helle Tageslicht, das unser Körper braucht. Unsere inneren Uhren brauchen jedoch den Kontrast zwischen Hell und Dunkel, um richtig zu funktionieren. Um unsere Schlafqualität zu verbessern und uns tagsüber frischer zu fühlen, hilft es, sich beim Aufwachen dem natürlichen Licht auszusetzen, auch an bewölkten Tagen. Selbst ohne Sonne kann das Licht im Freien Lichtstärken von etwa 10.000 Lux liefern, bedeutend mehr als eine

Innenraumbeleuchtung. Dieser Kontrast von 9.600 Lux hilft, unsere innere Uhr zu regulieren, was das Einschlafen bei Nacht erleichtert.

Abends gilt das entgegengesetzte Prinzip: Streben Sie nach so wenig Licht wie möglich. Heutige Städte und Häuser sind oft so hell erleuchtet, dass der Unterschied zwischen Hell und Dunkel verschwimmt. Dieser verringerte Unterschied führt zu einer Zunahme an späten Chronotypen in der städtischen Bevölkerung. Entsprechend gibt es in Städten mehr späte Chronotypen als auf dem Land, wo Menschen ohne Elektrizität üblicherweise früher einschlafen.[55]

Das himmelblaue Licht morgens hilft unserer biologischen Uhr, sich mit der 24-Stunden-Rotation der Erde zu synchronisieren. Je mehr Kontrast Sie zwischen Hell und Dunkel in Ihrem Leben schaffen, umso besser ist es für Ihren Schlaf-Wach-Rhythmus. Hell und Dunkel beeinflussen unseren Schlaf. Wir schlafen nachts besser, wenn wir morgens Tageslicht bekommen und nachts in einem dunklen Zimmer schlafen.

Angestellte in Büros mit Fenstern, die durchschnittlich 1.000 Lux Tageslicht erhalten, bekommen etwa 45 Minuten mehr Schlaf pro Nacht als solche in fensterlosen Büros, die nur 390 Lux elektrisches Licht erhalten.[56]

Was passiert mit dem menschlichen biologischen Rhythmus, wenn wir mehrere Wochen lang ohne Synchronisationssignale – darunter das wichtigste Signal: Tageslicht – leben?

Jürgen Aschoff, einer der Vorreiter der Chronobiologie, erforschte dies in den 1960er-Jahren. Aschoff führte in speziell gestalteten Bunkern in Süddeutschland bahnbrechende Experimente durch. Es gab keine Fernseher oder Uhren, nichts, was den Menschen die Zeit verraten hätte. Die Wohnungen waren mit einem Schlafzimmer, einer Küche und einem Bad ausgestattet. Alle Räume waren schallgeschützt und die Probanden lebten ohne natürliches Licht oder Hinweise auf die Zeit. Isoliert von Tageslicht und Geräuschen, folgten sie ihrem eigenen circadianen Rhythmus. Sie wurden gebeten, ein normales Leben zu führen – mit drei Mahlzeiten am Tag –, und eine Reihe psychologischer Tests zu absolvieren. Nickerchen am Tag waren nicht erlaubt, nicht einmal »Power Naps«. Je länger wir nämlich wach sind, umso müder werden wir. In den Stunden, die wir wach sind, bauen wir immer mehr Schlafdruck auf, bis wir wieder schlafen können. Ein Schläfchen mitten am Tag kann beeinflussen, wann wir müde werden. In Experimenten wie diesen ist es wichtig, den Schlaf-Wach-Rhythmus betrachten zu können, ohne dass die Probanden den Höhepunkt des Schlafdrucks mit einem Mittagsschläfchen senken. Abgesehen davon konnten sie machen, was sie wollten. Ein Isolationszeitraum dauerte oft drei bis vier Wochen.[57]

Aschoffs Experimente in den Bunkern ohne natürliches Licht oder Hinweise auf die Zeit lieferten bedeutende Einblicke in die Funktionsweise der menschlichen inneren Uhr. Durch diese Experimente konnte er zeigen, dass die menschlichen circadianen Rhythmen nicht auf exakt 24 Stunden festgelegt sind, sondern wir Signale von außen brauchen, um mit der Rotation der Erde synchron zu bleiben. Aschoff führte das Konzept des »Zeitgebers« ein, bei dem es sich um äußere Hinweise handelt, wie etwa Licht, die den biologischen Rhythmus mit der Umgebung synchronisieren. Dieses Konzept ist wichtig, um zu verstehen, wie Organismen ihre inneren Uhren an äußere Änderungen anpassen. Alle Personen in dem Bunker-Experiment hatten frei laufende circadiane Rhythmen mit durchschnittlichen Wach- und Schlafperioden zwischen 23,9 und 50,0 Stunden.[58] Wenn eine Person einen circadianen Rhythmus von 45 Stunden hatte, dann konnte es sein, dass sie 30 Stunden lang wach war und dann 15 Stunden schlief. Das sind extrem späte Chronotypen mit extrem langsamen inneren Uhren. Ohne Tageslicht schafften sie es einfach nicht, den 24 Stunden des Tages zu folgen. Diese Entdeckung überzeugte Aschoff davon, dass Menschen eine biologische Uhr haben, die ihre circadianen Rhythmen reguliert. Dies führt zu einer ausgedehnten Suche nach den Genen, die dafür verantwortlich sind, diese inneren Zeitnehmer zu kontrollieren.[59]

TESTEN SIE IHREN CHRONOTYP UND FINDEN SIE IHR OPTIMALES SCHLAFFENSTER

Sie haben vermutlich bereits eine gute Vorstellung davon, ob Sie ein früher, ein neutraler oder ein später Chronotyp sind – und falls nicht, können Sie das ermitteln, wenn Sie im Anhang Ihren Chronotyp testen.

In den folgenden Kapiteln werden wir uns Arbeits- und Lebensentwürfe genauer anschauen, die sowohl auf Morgen- als auch auf Abendmenschen zugeschnitten sind.

»Das wertvollste Gut einer Einrichtung im 21. Jahrhundert werden ihre Wissensarbeiter und deren Produktivität sein.«

PETER F. DRUCKER [1909-2005][60]
Anerkannter Management-Berater und Autor,
gilt weithin als Vater der modernen Managementtheorie.

KAPITEL 8

ARBEITS- UND LEBENSENTWURF FÜR MORGEN-MENSCHEN

Frühe Chronotypen wachen immer früh auf. Wenn Sie ein früher Chronotyp (ein Morgenmensch) sind, dann sieht Ihr natürlicher Rhythmus vor, früh schlafen zu gehen und früh aufzustehen, auch am Wochenende. Selbst wenn Sie erst nachts um 2 Uhr ins Bett gehen, wachen Sie früh auf. Sie können einfach nicht länger schlafen, da ihre innere Uhr sie früh aufweckt. Als früher Chronotyp schlafen Sie an Arbeitstagen meist gut und an Ihren freien Tagen zu wenig. Viele Morgenmenschen fühlen sich gesellschaftlich genötigt, da viele Interaktionen abends stattfinden. Und natürlich beginnt auch das kulturelle Leben oft erst ab 20 Uhr.

Sie wissen, dass Sie ein früher Chronotyp sind, wenn Sie:

- Früh aufwachen und abends schnell müde werden.
- Ihre mentale und körperliche Spitze schon früh am Tag erreichen.
- Einen aktiven Morgen und einen ruhigen Abend wünschen.
- Am besten mit festen Arbeits- und Schlafenszeiten zurechtkommen.
- Das Gefühl haben, dass der Arbeitstag nach dem Mittagessen vorbei ist.
- Auch an den Wochenenden und im Urlaub früh aufstehen.

»Ich mag es, wenn es keine Veränderungen gibt.«

Bettina R. Thøgersen ist Personalleiterin beim DR [Dänischer Rundfunk] und ein extrem früher Chronotyp. Sie nennt ihren eigenen Rhythmus »Null Veränderung«.

»Ich wache jeden Tag um 4 Uhr auf und gehe dann erst einmal mit dem Hund raus. Selbst als Studentin stand ich um 4 Uhr auf, um zu studieren und bis Mittag mit dem Lernen fertig zu sein. Als ich Mutter wurde, behielt ich diese Routine bei, um früh ein bisschen Ruhe zu haben und zu lesen. Ich führe ein sehr strukturiertes Leben. Zu Hause essen wir um 16.30 Uhr zu Abend und ab 19 Uhr brauche ich Zeit für mich, bevor ich um 20 Uhr ins Bett gehe. Mir geht es am besten mit Beständigkeit und null Veränderung.«

»Ich habe seit mehr als 20 Jahren kein Silvester-Feuerwerk mehr gesehen. Als ich 50 wurde, habe ich meinen Gästen mitgeteilt, dass die Party um 22 Uhr zu Ende sein würde. Abends Gäste zu haben, ist für mich eine Strapaze; es bringt meinen Rhythmus durcheinander. Die gesellschaftliche Erwartung, ab 18 Uhr oder später Freunde zu treffen, kann ich nicht erfüllen. Stattdessen laden mein Mann und ich Freunde zum Mittagessen ein, und ich gehe nur tagsüber ins Kino. Das Weihnachtsessen findet um 16 Uhr und das Silvesteressen um 14 Uhr statt.«

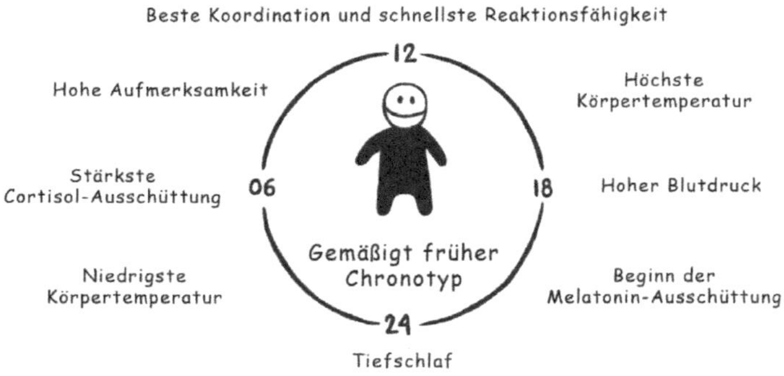

WIE DER SCN DEN 24-STUNDEN-RHYTHMUS EINES GEMÄSSIGT FRÜHEN CHRONOTYPEN REGULIERT

Schauen wir uns an, wie der suprachiasmatische Kern (SCN) den 24-Stunden-Rhythmus eines gemäßigt frühen Chronotypen steuert, dessen Schlafmittelpunkt bei etwa 2 Uhr liegt. Ein gemäßigt früher Chronotyp schläft also von 22 Uhr bis 6 Uhr oder von 23 Uhr bis 5 Uhr. Am frühen Abend wird das Schlafhormon Melatonin ausgeschüttet, sodass er sich müde fühlt und von sich aus früher ins Bett geht.

Bei gemäßigt frühen Chronotypen erreicht die Körpertemperatur etwa um 3 Uhr den niedrigsten Punkt. Die Temperatur des Menschen fällt im Schlaf ab, um Energie zu sparen, da weniger Ressourcen gebraucht werden, um die Körperfunktionen aufrechtzuerhalten. Die stärkste Ausschüttung von Cortisol, dem Hormon, das Wachsein und Aufmerksamkeit fördert, erfolgt gegen 6 Uhr, sodass gemäßigt frühe Chronotypen aufwachen und sich für den Tag gerüstet fühlen.

WIE SIE ALS FRÜHER CHRONOTYP ARBEITEN

- Erledigen Sie die kompliziertesten, anspruchsvollsten oder größten Aufgaben zu Tagesbeginn.[61] Stellen Sie sich vor, Sie erhalten heute um 17 Uhr einen Auftrag, der komplex ist, viel Konzentration verlangt und morgen früh fertig sein soll. Was tun Sie? Ein Morgenmensch würde früher zu Bett gehen und am nächsten Tag früher aufstehen. Das heißt, er geht um 21 Uhr schlafen und steht um 5 Uhr auf, um die Aufgabe zu erledigen.

- Strukturieren Sie Ihr Leben so, dass Sie ein paar mal in der Woche direkt nach dem Aufwachen zur Arbeit gehen. Als früher Chronotyp haben Sie morgens die meiste Energie. Manche Chronotypen merken, dass sie ihr ganzes Tagespensum erledigen, wenn sie morgens einige Stunden ungestört arbeiten können.

- Hören Sie auf Ihren Rhythmus. Gehen Sie früh ins Bett – selbst wenn es erst 20.30 Uhr ist.

WIE SIE ALS FRÜHER CHRONOTYP TRAINIEREN

- Trainieren Sie morgens oder zumindest vor dem Mittag. Falls Sie abnehmen wollen, können Sie morgens vor dem Frühstück Sport treiben.[62]

- Ein Spaziergang von 30 bis 45 Minuten nach dem Abendessen kann helfen, Ihren Blutzucker zu regulieren und abzunehmen.[63]

WIE SIE ALS FRÜHER CHRONOTYP IHR PERSÖNLICHES LEBEN VERBESSERN

- Ermitteln Sie die circadianen Rhythmen in Ihrer Familie und diskutieren Sie, wie Sie einander unterstützen können.

- Falls Sie ein Morgenmensch sind, Ihre Partnerin aber ein Abendmensch ist, dann legen Sie Ihre Dates auf die Zeit am Tag, wenn Sie beide die meiste Energie haben (Brunch ist Frühstück für Abendmenschen und Mittagessen für Morgenmenschen).

- Falls Sie ein Morgenmensch sind und Ihre Partnerin ein Abendmensch ist und Sie Kinder haben, dann lassen Sie Ihre Partnerin an den Wochenenden ausschlafen, während Sie die frühmorgendlichen Routinen erledigen. Dafür können Sie unter der Woche früher schlafen gehen. Ihre Partnerin könnte allerdings die gemeinsame Zeit mit Ihnen abends vermissen.

- Wenn Sie ein Morgenmensch sind und Ihre Partnerin ein Abendmensch ist, könnten Sie Ihre gemeinsame Zeit in die Morgenstunden legen, wenn Sie beide viel Energie haben.

- Auch soziale Aktivitäten können in die Tagesstunden gelegt werden. Treffen Sie sich mit Ihren Freunden direkt nach der Arbeit oder gehen Sie nachmittags ins Kino.

BERÜHMTE FRÜHE CHRONOTYPEN

BENJAMIN FRANKLIN – einer der Gründerväter der Vereinigten Staaten von Amerika.

TIM COOK – CEO von Apple, bekannt dafür, seinen Tag bereits um 4.30 Uhr zu starten.

RICHARD BRANSON – Entrepreneur und Gründer der Virgin Group, der gegen 5 Uhr aufsteht.

MICHELLE OBAMA – Ehemals First Lady der USA, die etwa um 4.30 Uhr aufsteht, um zu trainieren.

HOWARD SCHULTZ – Früherer CEO von Starbucks, beginnt seinen Tag ungefähr um 4.30 Uhr.

JACK DORSEY – Mitgründer von Twitter [heute X] und Square, der um 5.30 Uhr in den Tag startet.

INDRA NOOYI – Frühere CEO von PepsiCo, die um 4 Uhr aufwacht.

BOB IGER – Früherer CEO von Disney, der um 4.30 Uhr aufwacht, um seinen Tag zu beginnen.

ERNEST HEMINGWAY – Berühmter Schriftsteller, der bekannt dafür war, früh aufzustehen, um in den stillen Morgenstunden zu schreiben.

»Nicht alles, womit man konfrontiert wird, lässt sich ändern, aber nichts kann geändert werden, wenn man sich damit nicht konfrontiert.«

JAMES BALDWIN [1924–1987][64]
Einflussreicher US-amerikanischer Schriftsteller und Gesellschaftskritiker, bekannt für seine kraftvollen Essays, Romane und Theaterstücke, in denen er sich mit Rasse, Identität und Ungleichheit in Amerika beschäftigte.

KAPITEL 9

ARBEITS- UND LEBENSENTWURF FÜR ABENDMENSCHEN

Späte Chronotypen bleiben abends länger auf und erwachen morgens später, wenn Verpflichtungen wie Kinder, Schule oder Arbeit sie nicht daran hindern. Oft erhalten Abendmenschen an Arbeitstagen nicht ausreichend Schlaf und kompensieren dies durch längeres Schlafen an ihren freien Tagen. Als später Chronotyp können Sie Ihren Schlafdruck verschieben, aber dieses Muster aus unzureichendem Schlaf in der Woche und Aufholen an den Wochenenden hat negative Folgen für Ihre Gesundheit.

Morgens ist die Körpertemperatur des späten Chronotyps niedriger als die des frühen Chronotyps und es könnte nach dem Aufwachen mehrere Stunden dauern, bis er sich körperlich und geistig auf der Höhe fühlt. Selbst wenn Sie um 22 Uhr ins Bett gehen, ist das Einschlafen möglicherweise schwierig, weil Sie zu dieser Zeit einfach noch nicht müde sind. Sie fühlen sich erst dann müde, wenn Ihre innere Uhr Ihnen signalisiert, dass es Zeit zum Einschlafen ist, was vielleicht erst nach Mitternacht geschieht. Falls Sie jedoch an Schlafmangel leiden, können Sie wahrscheinlich jederzeit einschlafen.

Sie wissen, dass Sie ein später Chronotyp sind, wenn Sie:

- Später ins Bett gehen und später aufstehen.
- Stille Morgen und aktive Abende bevorzugen.
- Erst später am Tag mental und körperlich auf der Höhe sind.
- Das Gefühl haben, dass nach 16 Uhr immer noch viel vom Tag übrig ist.
- Zeitliche Freiheit und Flexibilität lieben.
- An den Wochenenden ausschlafen, um den fehlenden Schlaf aus der Woche nachzuholen.

»Ich liebe Abwechslung.«

Magne ist Generalsekretär des Norwegischen Anwaltsverbands und ein später Chronotyp.

»Ich habe vor vielen Jahren entdeckt, dass ich ein Abendmensch bin. Zu Beginn meiner Laufbahn musste ich mich an die traditionellen Arbeitszeiten anpassen, die nicht zu meinem natürlichen Rhythmus passten. So wollte ich nicht arbeiten, aber erst als ich Manager wurde, bekam ich die Freiheit, meinen eigenen Zeitplan zu gestalten.«

»Meine Energie fließt natürlicher, wenn ich meinem eigenen Rhythmus folgen kann: Ausschlafen, einen ruhigen Morgen genießen oder den Arbeitstag von zu Hause beginnen, ohne früh ins Büro hetzen zu müssen. Es geht nicht nur darum, ein später Chronotyp zu sein; es geht darum, voller Antrieb zu sein und die Flexibilität zu haben, meine Zeit selbst zu gestalten. Ich brauche die Abwechslung.«

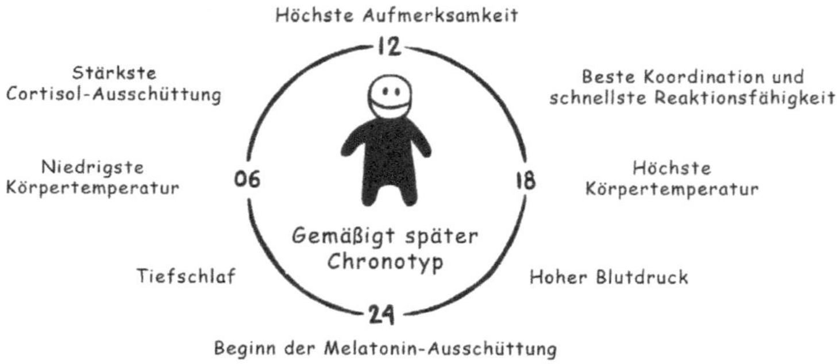

WIE DER SCN DEN 24-STUNDEN-RHYTHMUS EINES GEMÄSSIGT SPÄTEN CHRONOTYPS STEUERT

Untersuchen wir, wie der suprachiasmatische Kern (SCN) den 24-Stunden-Rhythmus eines gemäßigt späten Chronotyps steuert, dessen Schlafmittelpunkt etwa um 6 Uhr ist. Ein gemäßigt später Chronotyp könnte also von 2 Uhr bis 10 Uhr oder von 3 Uhr bis 9 Uhr schlafen. Anders als beim gemäßigt frühen

Chronotyp, dessen Schlafhormon Melatonin früher am Abend freigesetzt wird, beginnt die Ausschüttung beim gemäßigt späten Chronotyp meist gegen Mitternacht. Diese Verzögerung erklärt, weshalb er erst nach dieser Zeit einschläft.

Laut der Illustration erreicht der gemäßigt späte Chronotyp die tiefste Schlafphase gegen 3 Uhr, anders als der gemäßigt frühe Chronotyp, der etwa um Mitternacht am tiefsten schläft. Darüber hinaus zeigt das Bild, dass die stärkste Freisetzung von Cortisol, dem Hormon, das die Wachheit fördert, bei gemäßigt späten Chronotypen etwa um 9 Uhr erfolgt. Sie sind also erst später am Vormittag vollständig wach.

WIE SIE ALS SPÄTER CHRONOTYP ARBEITEN

- Erledigen Sie die kompliziertesten, aufwendigsten oder größten Aufgaben nachmittags und abends. Stellen Sie sich vor, Sie erhalten heute um 17 Uhr eine Aufgabe, die komplex ist und viel Konzentration verlangt. Sie muss morgen früh fertig sein. Was würden Sie tun? Ein Abendmensch erledigt diese Aufgabe am selben Abend.[65] Sie würden dafür sogar später ins Bett gehen als üblich.

- Falls Sie nicht im Einklang mit Ihrer biologischen Uhr leben können, dann stellen Sie sicher, dass Sie wenigstens zweimal pro Woche ausschlafen. Sie könnten zum Beispiel mittwochs später starten.

Dies reduziert den sozialen Jetlag, den Sie von Montag bis Freitag aufbauen.

- Trinken Sie nach 15 Uhr keinen Kaffee mehr, da dies nachts Ihren Schlaf stören könnte.[66]

- Sie arbeiten abends besonders gut. Schalten Sie trotzdem Ihren Computer wenigstens eine oder zwei Stunden, bevor Sie ins Bett gehen, aus. Das Licht des Monitors würde Sie ansonsten noch länger wachhalten.[67]

WIE SIE ALS SPÄTER CHRONOTYP TRAINIEREN

- Legen Sie Ihre Sporteinheiten in die Nachmittage oder frühen Abende. Eine Studie hat herausgefunden, dass die Spitzenleistungszeiten von Athleten sich bei frühen und späten Chronotypen unterscheiden: Späte Chronotypen sind später am Tag deutlich leistungsfähiger.[68] Im Allgemeinen ist die Muskelstärke von Abendmenschen spät am Nachmittag und früh am Abend am größten. Dies erklärt auch, warum sportliche Spitzenleistungen oft zu diesen Zeiten erbracht werden. Der Vorteil des Trainings in den Nachmittagsstunden statt vor dem Mittag liegt darin, dass Muskelverletzungen vermieden werden, weil die Muskeln bereits warm sind.

- Wenn Sie nach dem Abendessen für 30 bis 45 Minuten spazieren gehen, kann das helfen, Ihren Blutzucker zu regulieren und damit Gewicht zu verlieren.

WIE SIE IHR PERSÖNLICHES LEBEN ALS SPÄTER CHRONOTYP VERBESSERN KÖNNEN

- Ermitteln Sie die circadianen Rhythmen in Ihrer Familie und diskutieren Sie, wie Sie einander unterstützen können.

- Falls Sie ein Abendmensch sind und Ihre Partnerin ein Morgenmensch ist, dann legen Sie Ihre Verabredungen auf die Zeit am Tag, wenn Sie beide die meiste Energie haben (Brunch ist Frühstück für Abendmenschen und Mittagessen für Morgenmenschen).

- Falls Sie ein Abendmensch sind und Ihre Partnerin ein Morgenmensch ist und Sie Kinder haben, dann könnten Sie an den Wochenenden ausschlafen. Ihre Partnerin wiederum könnte unter der Woche ohne schlechtes Gewissen früh zu Bett gehen.

- Falls Sie und Ihre Partnerin beide Abendmenschen sind und Sie Kinder haben, dann könnten Sie Ihr Familienleben so organisieren, dass einer sonnabends und der andere sonntags ausschlafen kann.

BERÜHMTE SPÄTE CHRONOTYPEN

BARACK OBAMA – Früherer US-Präsident, der oft bis spät in die Nacht an seinen Reden schrieb.

CHARLES DARWIN – Naturforscher und Autor von *Über die Entstehung der Arten* arbeitete gern bis spät abends und stand erst um 8 Uhr oder später auf.

WINSTON CHURCHILL – Der britische Premierminister während des Zweiten Weltkriegs war bekannt dafür, lange aufzubleiben und bis etwa 11 Uhr vormittags zu schlafen.

MARK ZUCKERBERG – Mitgründer und CEO von Facebook programmiert und arbeitet häufig bis spät in die Nacht.

STEPHEN KING – Bestseller-Autor, der oft bis weit in die Nacht hinein arbeitet, wenn es im Haus ruhig ist.

BILL CLINTON – Früherer US-Präsident, der bekannt dafür war, bis in die Nacht hinein zu arbeiten.

BOB DYLAN – Musiker und Songschreiber, der seine Texte oft in nächtlichen Sessions verfasste.

FRANZ KAFKA – Berühmter Schriftsteller, der gern bis in die Nacht hinein schrieb und morgens lange schlief.

J.R.R. TOLKIEN – Autor von *Der Herr der Ringe*, der oft nachts an seinen Manuskripten arbeitete.

»Wenn Menschen Entscheidungen darüber treffen, wo sie arbeiten und wie sie arbeiten, dann wird einer der großen Faktoren, die in die Entscheidung einfließen, sein, ob das Arbeiten für Ihr Unternehmen ihnen hilft, gesund zu bleiben.«

LYNDA GRATTON in *Redesigning Work: How to Transform Your Organization and Make Hybrid Work for Everyone*[69]
Bekannte Expertin für Organisationsverhalten und die Zukunft der Arbeit und Professorin an der London Business School.

KAPITEL 10

CHRONOLEADERSHIP – ANPASSEN DER ZEITRHYTHMEN UND -STRUKTUREN AN DIE MENSCHEN

Über Tausende von Jahren haben die Menschen sich bemüht, einen Kalender zu erschaffen, der mit dem Sonnenjahr fortschreitet. Die Rhythmen von Sonne und Mond sind universell, Nine-to-five-Rhythmen dagegen nicht. Das heißt, dass die Rhythmen der Bildungs- und Arbeitssysteme geändert werden können.

Es sind also neue Zeitsysteme und -rhythmen nötig, die der Vielfalt der Chronotypen gerecht werden. Erforderlich ist ein Wechsel von den äußeren Zeitsignalen wie Kirchenglocken, Fabriksirenen und Schulklingeln zu einem persönlicheren Vorgehen, das die natürliche biologische Uhr respektiert, die in jedem Menschen steckt.

Die circadianen Rhythmen, mit denen wir geboren werden, können wir nicht ändern. Wir können und sollten aber gesellschaftlich konstruierte Zeitstrukturen anpassen, um ihnen besser gerecht zu werden. Wenn wir es den Menschen erlauben, ihren natürlichen inneren Uhren zu folgen, indem wir etwa Schul- und Arbeitszeiten flexibel gestalten, könnten wir den sozialen Jetlag beträchtlich reduzieren, was Teenagern wie Erwachsenen zugute kommt. Es ist ein Paradigmenwechsel weg von dem strengen Nine-to-five-Zeitplan erforderlich, um flexible Arbeitskulturen zu schaffen, die den Bedürfnissen von Morgen- und Abendmenschen gleichermaßen entgegenkommen und damit zu mehr Gesundheit und einer größeren Produktivität führen.

INDUSTRIEARBEIT

80 % des Wertes eines
Unternehmens ist greifbar

Menschen passen sich an ein
Zeitsystem an

Arbeits- und Familienmuster
sind ähnlich

Vergleichskultur

Eine Größe für alle

Taylorismus

WISSENSARBEIT

90 % des Wertes eines
Unternehmens sind nicht greifbar

Zeitrhythmen und -strukturen
werden an die Menschen angepasst

Vielfältige Arbeitsformen und
Familienkonstellationen

Integrative Arbeitskultur

Für jeden die passende Größe

Chronoleadership

INDUSTRIEARBEIT UND WISSENSARBEIT

VOM INDUSTRIEZEITSYSTEM ZUM INNEREN ZEITSYSTEM DES MENSCHEN

In einer Industriegesellschaft entstanden 80 % des Wertes eines Unternehmens vor allem durch körperliche Arbeit, materielle Güter und standardisierte Prozesse. Arbeiter mussten sich an ein festes Zeitschema halten, das oft durch Fabrikzeiten und Stechuhren diktiert wurde. In einer Industriegesellschaft herrschten sehr ähnliche Familienstrukturen und Arbeitsmuster. Managementpraktiken waren stark vom Taylorismus beeinflusst, der auf Effizienz, Standardisierung und Zeit-und-Bewegungsstudien setzte, um die Produktivität zu optimieren.

In der heutigen Wirtschaft sind 90 % des Unternehmenswertes immateriell, getrieben von Wissen und Innovation. Im Gegensatz zu den rigiden Zeitstrukturen der Industriearbeit profitiert Wissensarbeit von Flexibilität. Menschen sind am produktivsten, wenn sie entsprechend ihren circadianen Rhythmen arbeiten können, ob als Morgen- oder als Abendmenschen. Die moderne Arbeitswelt ist vielfältig, nicht nur demografisch, sondern auch in Bezug auf Familienstrukturen und circadiane Rhythmen. Traditionelle Arbeitsmuster beruhen auf einem Eines-für-alle-Modell, das immer weniger der heutigen Vielfalt in Familie, Arbeit und circadianen Rhythmen entspricht. Chronoleadership respektiert und nutzt die individuellen biologischen Uhren und zeitlichen Vorlieben, um Produktivität und Lebensqualität miteinander zu vereinen.

EIN CHRONOINKLUSIVER CHEF WERDEN

Chronoinklusivität bei der Mitarbeiterführung bedeutet, dass Sie die verschiedenen circadianen Rhythmen in Ihrem Team anerkennen und schätzen. Mit folgenden Schritten erreichen Sie dies:

Schritt 1: Geben Sie Ihre Vorurteile in Bezug auf circadiane Rhythmen zu.
Schritt 2: Stellen Sie fest, welcher Chronotyp Sie sind und gestalten Sie Ihre Arbeit und Ihr Leben entsprechend.
Schritt 3: Fördern Sie ein gesünderes und produktiveres Leben für sich und Ihr Team.

Schritt 1: Geben Sie Ihre Vorurteile in Bezug auf circadiane Rhythmen zu

Als Chef müssen Sie anerkennen, dass unbewusste Vorurteile beeinflussen, wie Sie mit Ihrem Team umgehen. Verbreitet ist das »Frühaufsteher-Vorurteil«: Angestellte, die früh da sind, werden oft als engagierter oder produktiver wahrgenommen und häufig auch besser eingeschätzt. Das ist ähnlich dem »Nähe-Vorurteil«, das Angestellte, die im Büro arbeiten, denen vorzieht, die etwa im Homeoffice sind.

Forschungen zeigen, dass Chefs oft die frühen Chronotypen bevorzugen, weil sie während der traditionellen Arbeitszeit sichtbarer sind. Späte Chronotypen werden möglicherweise benachteiligt, obwohl sie genauso produktiv sind, nur eben zu späteren Zeiten.

Um dieses Vorurteil zu überwinden, ist es wichtig, über Ihre Annahmen zu den verschiedenen Chronotypen nachzudenken, etwa mit folgenden Fragen:

- Bevorzugen Sie unbewusst Frühaufsteher, weil Sie mit diesen eine höhere Produktivität assoziieren?
- Was denken Sie über späte Chronotypen? Betrachten Sie jene, die lieber später arbeiten, als weniger motiviert oder diszipliniert? Erkennen Sie den Wert an, den sowohl frühe als auch späte Chronotypen für das Team haben.

Wenn Sie sich dieser zugrunde liegenden Normen, Werte und Vorstellungen bewusst werden, können Sie beginnen, Ihre Vorurteile zu hinterfragen und eine gerechtere Arbeitsumgebung zu schaffen. Dieses Bewusstsein ist der erste Schritt zu der Erkenntnis, dass Produktivität und Engagement sich nicht auf die traditionellen Arbeitsstunden beschränken und unterschiedliche Chronotypen zum Erfolg Ihres Teams beitragen können.

Schritt 2: Stellen Sie fest, welcher Chronotyp Sie sind und gestalten Sie Ihre Arbeit und Ihr Leben entsprechend

Ermitteln Sie Ihren Chronotyp: Führen Sie dazu den Chronotyp-Test aus dem Anhang durch. Mit diesem können Sie feststellen, ob Sie ein früher (Morgenmensch), ein mittlerer bzw. neutraler oder ein später (Abendmensch) Chronotyp sind.

Experimentieren Sie anschließend mit Arbeits- und Lebensentwürfen für Ihren Chronotyp. In den Kapiteln 8 und 9 finden Sie ausführliche Hinweise dazu. Wenn Sie Ihre Zeitpläne entsprechend Ihrem Chronotyp optimieren, setzen Sie einen Maßstab für Ihr Team und ermutigen es, dies ebenfalls zu tun.

Schritt 3: Fördern Sie ein gesünderes und produktiveres Leben für sich und Ihr Team

Je mehr Ihre Angestellten im Einklang mit ihren inneren Uhren arbeiten, umso gesünder sind sie. Unsere circadianen Rhythmen und unser Schlaf beeinflussen alles: körperliche und geistige Gesundheit, Immunsystem, Erkrankungen, Energielevel, Gefühle, Stimmungen, unser Arbeitsleben, das Familienleben usw.[70] Als Führungsperson können Sie Ihr Wissen über die Chronobiologie nutzen, um Ihre Angestellten zu einem gesünderen, nachhaltigeren und produktiveren Rhythmus am Arbeitsplatz zu führen.

EINEN CHRONOINKLUSIVEN ARBEITSPLATZ SCHAFFEN

Es erfordert Mut, flexible Arbeitskulturen zu schaffen, die die Vielfalt der Chronotypen unterstützen. Ich empfehle Organisationen, die eine ansprechende Arbeitskultur für Morgen- und Abendmenschen schaffen wollen, die folgenden drei Schritte.

Schritt 1: Teilen Sie das Wissen über die Chronobiologie und hinterfragen Sie Stereotype über die circadianen Rhythmen.
Schritt 2: Erfassen Sie die Chronotypen im Team.
Schritt 3: Schaffen Sie eine integrative Arbeitskultur.

Schritt 1: Teilen Sie das Wissen über die Chronobiologie und hinterfragen Sie Stereotype über die circadianen Rhythmen

Der erste Schritt beim Schaffen eines chronoinklusiven Arbeitsplatzes besteht darin, dass Wissen über die Chronobiologie mit allen Angestellten zu teilen und Stereotype zu hinterfragen.

Missverständnisse, wie die Überzeugung, dass Frühaufsteher von Natur aus produktiver sind, können zu Vorurteilen führen, die die Leistung sowohl der Einzelnen als auch der Organisation untergraben.

Verwerfen Sie aktiv Mythen wie das »Frühaufsteher-Vorurteil«, das frühes Erwachen automatisch mit höherer Produktivität gleichsetzt. Betonen Sie, dass Produktivität nicht an bestimmte Zeiten gebunden ist, sondern daran, dass Menschen im Einklang mit ihrem circadianen Rhythmus arbeiten.

Ermutigen Sie Diskussionen über die circadianen Rhythmen und Vorlieben. Schaffen Sie einen sicheren Raum, in dem Angestellte ungehindert über ihren

Chronotyp sprechen und diskutieren können, wie sie dem Team mit ihrem natürlichen circadianen Rhythmus am besten nützen.

Schritt 2: Erfassen Sie die Chronotypen im Team
Teams haben die einmalige Gelegenheit, sowohl die Produktivität als auch die Lebensqualität ihrer Teammitglieder zu verbessern, indem sie die verschiedenen circadianen Rhythmen verstehen und anerkennen. Durch Erfassen der Chronotypen der Teammitglieder können Chefs:

- Die Produktivität maximieren: Setzen Sie Aufgaben und Meetings zu Zeiten an, in denen die Teammitglieder am aufmerksamsten sind.

- Die Zusammenarbeit verbessern: Planen Sie gemeinsame Arbeiten zu Zeiten, in denen sich die Spitzenzeiten der meisten Teammitglieder überschneiden.

- Die Work-Life-Balance verbessern: Geben Sie den Leuten die Freiheit, sich selbst zu verwalten.

Zuerst füllen alle Teammitglieder den Fragebogen »Testen Sie Ihren Chronotyp« (siehe Anhang) aus.

Teilen Sie die Ergebnisse dann mit dem Team und diskutieren Sie sie offen, um das Verständnis für die jeweiligen Chronotypen und die besonders leistungsstarken Zeiten zu fördern.

Anschließend können Sie Ihr Team einteilen:

- Frühe Chronotypen (Morgenmensch): Ermitteln Sie, wie viele Teammitglieder lieber früh arbeiten, weil sie morgens am produktivsten sind.

- Neutrale Chronotypen: Stellen Sie fest, wer in die mittlere Kategorie fällt. Die größte Produktivität wird hier oft zwischen dem späten Vormittag und der Mitte des Nachmittags erlebt.

- Späte Chronotypen (Abendmensch): Identifizieren Sie diejenigen, die später am Tag oder abends am leistungsfähigsten und aufmerksamsten sind.

Wenn Sie die verschiedenen Bedürfnisse und Vorlieben Ihrer Angestellten hinsichtlich der Arbeitszeiten berücksichtigen, können Sie ein produktiveres und gesünderes Arbeitsumfeld schaffen. Niemand wird gezwungen, früh um 8 Uhr da zu sein. Das Ausrichten der Arbeitszeiten an den natürlichen circadianen Rhythmen steigert nicht nur die Einzelleistungen, sondern reduziert auch die Häufigkeit von Unterbrechungen. Da es 20 bis 45 Minuten nach einer Unterbrechung dauern kann, wieder tiefe Konzentration zu erreichen, ist es wichtig, diese Unterbrechungen zu minimieren, indem man die Spitzenarbeitszeiten respektiert.[71] Durch das Ermöglichen ununterbrochener Zeiten für tiefes Arbeiten und die strategische Planung gemeinsamer Arbeitsperioden erhalten Sie ein produktiveres und geschlosseneres Team.

Stellen Sie schließlich ein Diagramm der Chronotypen des Teams her, in dem Sie die Stunden hervorheben, in denen jede Gruppe am besten ist. Mithilfe dieses visuellen Werkzeugs können Sie Meetings, gemeinsame Projekte und einzelne Arbeitspläne organisieren.

Schritt 3: Schaffen Sie eine integrative Arbeitskultur
Das Integrieren von Chronotypen in Ihre Arbeitskultur ist nicht einfach nur eine Frage der Grundsätze, sondern das Ergebnis tief eingegrabener kultureller Normen und Praktiken. Selbst wenn ein Unternehmen flexible Arbeitsstunden anbietet, ist es am Ende die Kultur, die bestimmt, ob die Angestellten sich tatsächlich ermächtigt fühlen, diese Flexibilität anzunehmen. Um ein wirklich integratives und inklusives Arbeitsumfeld zu pflegen, das alle Chronotypen unterstützt, müssen Sie alle Mitarbeitenden einladen, am Aufbau eines chronoinklusiven Arbeitsplatzes mitzuwirken.

Um praktisch zu erkunden, wie Ihre Arbeitskultur die verschiedenen Chronotypen beeinflusst, könnten Sie einen dedizierten Angestelltentag durchführen.

Gruppendiskussionen:
Teilen Sie die Angestellten in kleine Gruppen von sieben bis zehn Personen ein. Lassen Sie alle Gruppen die folgenden Schlüsselfragen diskutieren:

- Was schließt frühe Chronotypen (Morgenmenschen) in Ihre Arbeitskultur ein bzw. aus ihr aus?

- Was schließt späte Chronotypen (Abendmenschen) in Ihre Arbeitskultur ein bzw. aus ihr aus?

Plenarsitzung:
Bei der Plenarsitzung präsentieren alle Gruppen ihre Erkenntnisse aus der vorangegangenen Diskussion. Damit können Bereiche identifiziert werden, in denen Verbesserungen hin zu einer besseren Integration aller Chronotypen möglich sind.

Anschließend schaut sich das Führungsteam die Ideen und Anregungen der Gruppen an. Seine Aufgabe ist es nun, realisierbare Strategien für eine chronoinklusive Kultur der Organisation zu entwickeln und umzusetzen. Damit wird sichergestellt, dass die Einblicke, die während der Sitzung gewonnen wurden, zu sinnvollen Änderungen führen, die allen Angestellten nützen, unabhängig vom Chronotyp.

HÜRDEN FÜR DIE SCHAFFUNG EINES FLEXIBLEN UND INTEGRATIVEN ARBEITSPLATZES

Eine Hürde, die der Entwicklung eines flexiblen und integrativen Arbeitsplatzes für alle Chronotypen entgegensteht, ist die Vergleichskultur der Industriegesellschaft. Oft wird gefordert, dass alle auf die selbe Weise zur selben Zeit am selben Ort arbeiten. Die Arbeit wird danach bewertet, wann und wie lange Sie körperlich anwesend waren. Dieses Vorgehen beruht auf einem

Mythos: Das Büro ist der produktivste Ort auf Erden. Als Symbol der Produktivität wird ein tägliches Ritual durchgeführt: »Pfahlsitzen«. Es schließt starke soziale Kontrollen zwischen Kollegen ein und ist nichts, worüber Sie etwas auf der Firmen-Website oder in einer Personalrichtlinie finden werden. Man muss es in der Kultur fühlen. Praktiken aus der Industriegesellschaft enthüllen sich oft in der Art und Weise, wie Kollegen mit- oder übereinander reden. Angestellte, die nicht zur richtigen Zeit im Büro sind, ernten sarkastische Kommentare, um Schuld und Scham auszulösen, damit sie lernen, sich an den kollektiven Arbeitsrhythmus anzupassen. Herrscht bei Ihnen ein sarkastischer Grundton? »Ich wusste gar nicht, dass Sie Teilzeit arbeiten!« oder »Sie gehen schon?«

Sarkastische Kommentare können Schuldgefühle auslösen und Ihre Lebensqualität senken. Sie kommen sich vor, als müssten Sie sich hinein- oder herausschleichen, und machen sich womöglich Sorgen, was die anderen von Ihnen halten. »Was werden sie denken, wenn ich jetzt gehe? Werden meine Kollegen glauben, dass ich faulenze, wenn ich heute von zu Hause arbeite? Wird mein Chef mich von der nächsten aufregenden Aufgabe ausschließen, wenn ich früher gehe?«

Chefs und Angestellte müssen diese Fragen offen diskutieren und gemeinsam gegen sarkastische Kommentare darüber vorgehen, wann und wo wir arbeiten. Dann verschwinden auch die Schuld- und

Schamgefühle, die oft mit flexiblen Arrangements verbunden sind. Das schafft ein gesünderes, hilfreicheres Arbeitsumfeld.

BEISPIELE FÜR UNTERNEHMEN, DIE MIT CHRONOINKLUSION ARBEITEN

Seit 2005 helfe ich Organisationen, flexible und integrative Arbeitskulturen aufzubauen. Ich habe Unternehmen in Europa, China, Lateinamerika und dem Nahen Osten zu den Themen Arbeitskultur, Work-Life-Balance und Chronobiologie beraten.

2008 arbeitete ich bei AbbVie Norwegen, einem Biopharma-Unternehmen mit einer hohen Mitarbeiterfluktuation und einem schlechten Ruf in der Branche. Gemeinsam führten wir einen transformativen Ansatz ein: Das Management ließ den Mitarbeitern völlige Freiheit, ihre Arbeitstage nach ihren eigenen Vorlieben zu strukturieren, solange alle ihrer Arbeitsverantwortung nachkamen. Die Ergebnisse waren bemerkenswert: Fluktuation und Krankheitstage sanken stark ab, während die Zufriedenheit der Mitarbeiter mit der Work-Life-Balance von 58 % auf 95 % stieg.

Die Bereitschaft von AbbVie Norwegen, die vielfältigen circadianen Rhythmen seiner Angestellten zu unterstützen, wurde zu einem Eckpfeiler seiner Personalpolitik. Diese besagt ausdrücklich, dass frühe Chronotypen die späten Chronotypen nicht mit sarkastischen

Bemerkungen verurteilen dürfen, wenn diese später am Tag auftauchen. Auf der anderen Seite dürfen späte Chronotypen keine Kommentare dazu abgeben, wenn frühe Chronotypen das Büro früh verlassen. Diese Politik fördert eine Atmosphäre des Respekts und der Verantwortung, weil sie anerkennt, dass alle am besten arbeiten, wenn sie im Einklang mit ihren natürlichen circadianen Rhythmen sind.

Die Ergebnisse waren erstaunlich. AbbVie Norwegen wurde 2014, 2017 und 2018 zum besten Arbeitsplatz unter den mittelgroßen Unternehmen Norwegens ernannt. Der Erfolg des Unternehmens zeigt, dass der Respekt für die biologischen Uhren der Mitarbeiter nicht nur eine menschliche Sache ist, sondern eine machtvolle Strategie für ein blühendes Unternehmen.

Vor einigen Jahren beriet ich ein Logistik-Unternehmen in den Niederlanden, in dem die Angestellten Kunden über mehrere Zeitzonen hinweg betreuten. Einige waren für Kunden sowohl in Venezuela als auch in Japan verantwortlich, sodass sie frühmorgens, aber auch spätabends arbeiten mussten. Ich empfahl, die circadianen Rhythmen der Angestellten mit den jeweiligen Zeitzonenzuständigkeiten in Einklang zu bringen. So gibt es zum Beispiel eine Zeitverschiebung von sieben Stunden zwischen Kopenhagen und Tokio – wenn es in Kopenhagen 8 Uhr früh ist, dann ist es in Tokio bereits 15 Uhr. Es war daher sinnvoll, die Morgenmenschen in Europa den Kunden in Asien zuzuweisen. Entsprechend eigneten sich Abendmenschen in Europa besser für Kunden in den USA – 11 Uhr vormittags in San Francisco bedeutet, dass es in Kopenhagen schon 20 Uhr ist. Durch diese Ausrichtung der natürlichen Rhythmen der Angestellten an den Zeitzonen der Kunden konnte das Unternehmen das Wohlbefinden der Mitarbeiter ebenso verbessern wie den Kundendienst.

Magne Skram Hegerberg ist Generalsekretär des Norwegischen Anwaltsverbandes, in dem die Führungsphilosophie in Vertrauen, Autonomie, Flexibilität, Verantwortungsbewusstsein und Lebensqualität wurzelt. Hegerberg erklärt: »Wenn ich von Lebensqualität spreche, dann meine ich, dass es Ihnen als Person besser geht, wenn Ihre Lebensqualität hoch ist; Ihre Produktivität verbessert sich, Sie sind zufriedener mit Ihrer Arbeit und Ihr Engagement steigt.«

Der Norwegische Anwaltsverband mit seinen 40 Angestellten unterstützt flexible Arbeitszeiten, deren Beginn zwischen 6.30 Uhr und 14 Uhr liegen kann. So beginnt zum Beispiel einer von Magnes Kollegen seinen Arbeitstag regelmäßig um 14 Uhr. Diese maßgeschneiderte Zeitplanung, die sich nach den einzelnen Chronotypen richtet, hat erstaunliche Ergebnisse hervorgebracht. Laut Hegerberg hat sich die Produktivität in bestimmten Bereichen verdoppelt und in der ganzen Organisation Innovationen, Kreativität und die Fähigkeit, Probleme zu lösen, beflügelt.

Diese Erfolgsgeschichte unterstreicht, welchen Einfluss die Ausrichtung der Arbeitszeiten an den natürlichen Rhythmen der Menschen hat – die Menschen können persönlich und beruflich gedeihen.

In Branchen, die um Talente wetteifern, haben Unternehmen die einmalige Chance sich abzuheben, indem sie eine flexible Arbeitskultur pflegen, die unterschiedlichen Chronotypen und Familienstrukturen entgegenkommt. Flexibilität ist entscheidend, damit Menschen erfolgreich sein können, die Möglichkeiten zur flexiblen Gestaltung, die Arbeitskultur, müssen klar kommuniziert werden. Schließlich ist es die Firmenkultur, die Angestellte ermutigt oder abhält, diese Flexibilität voll auszunutzen.

Es wird Zeit, die Zeitarchitektur in unseren Schulsystemen und Arbeitsorten umzugestalten, um die Vielfalt der circadianen Rhythmen der Menschen zu unterstützen. Die Beachtung der circadianen Rhythmen sollte in die Menschenrechtsdeklarationen der Europäischen Union und der Vereinten Nationen aufgenommen werden. Unsere gesellschaftlichen Strukturen müssen diesen grundlegenden Aspekt der menschlichen Vielfalt anerkennen und respektieren.

»... wenn den Menschen die neue Zeitdisziplin schon früh im Leben beigebracht werden könnte, wären sie besser auf die wachsenden Synchronisierungsanforderungen am Arbeitsplatz vorbereitet. In der Folge wurde in den Schulen Englands und der Vereinigten Staaten zunehmend das Augenmerk darauf gelegt, Pünktlichkeit zu lehren. Diese Praktiken hielten bis in das 20. Jahrhundert an.«

JUDY WAJCMAN in *Pressed for Time*[72]
Soziologin und Professorin an der London School of Economics, bekannt für ihre einflussreichen Arbeiten zu Technologie, Zeit und Geschlecht im Kontext von Arbeit und Gesellschaft.

KAPITEL 11

SPÄTERE ANFANGSZEITEN IN DEN SCHULEN

Sie haben vielleicht auch einen oder mehrere von denen zu Hause? Den Teenager.

Dann hören Sie vermutlich gern, dass Ihr Teenager kein faules Stück ohne Disziplin und Respekt für Zeitabsprachen ist, sondern nur ein später Chronotyp, völlig normal. Fast alle Teenager entwickeln sich zu späten Chronotypen. Ihr natürlicher biologischer Rhythmus gibt vor, spät ins Bett zu gehen und spät aufzustehen. Dieses Phänomen lässt sich sogar in kleinen, isolierten Gemeinschaften in Entwicklungsländern ohne elektrisches Licht und leuchtende Handy-Bildschirme beobachten. Deshalb müssen wir die Diskussion über Smartphone-Nutzung und Chronobiologie trennen.[73]

Sie fragen sich vermutlich, wieso unsere circadianen Rhythmen sich während unserer Teenager-Zeit verändern, wenn ich doch gerade geschrieben habe, dass wir mit einer inneren Uhr geboren werden. Die Erklärung dafür – dass wir in unserer Jugend zu späten Chronotypen werden – könnte in der Produktion des Sexualhormons Testosteron liegen. Forscher haben eine Verbindung zwischen den hohen Testosteron-Spiegeln im Körper und den späten Chronotypen gefunden.[74] Testosteron ist ein Sexualhormon, das bei Männern vor allem in den Hoden produziert wird. Frauen produzieren kleinere Mengen an Testosteron in den Eierstöcken und den Nebennieren. Allerdings sind die Testosteron-Spiegel von Frauen etwa sechsmal höher als die Östrogen-Spiegel – das weibliche Sexualhormon. Und Frauen erzeugen genau wie Männer in der Pubertät zunehmende Mengen an Testosteron. Die Produktion steigt auf das 100-300-fache. Der Höhepunkt wird im jungen Erwachsenenalter erreicht, wenn die meisten von uns auch späte Chronotypen sind. Bei Frauen ist das mit etwa 19,5 Jahren erreicht, bei Männern ungefähr mit 21.

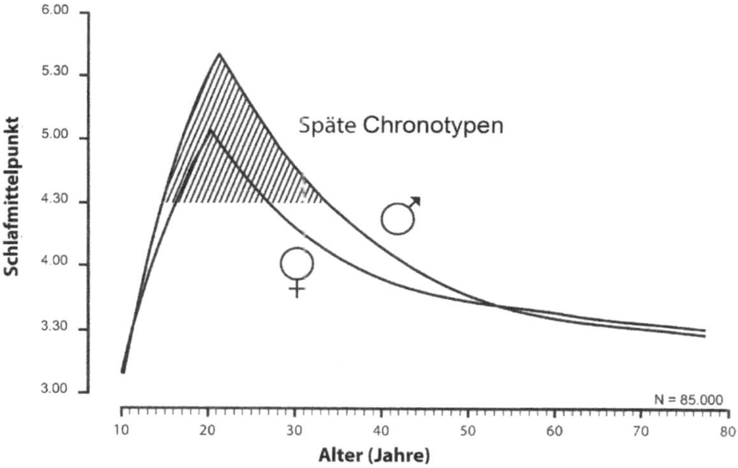

TEENAGER SIND SPÄTE CHRONOTYPEN

Unser aktuelles Schulsystem ist für eine Industriegesellschaft gedacht. In dieser lernten die Kinder, sich ein- und auszustechen und ihre Stunden gegen Geld an Industriearbeitsplätzen zu verbringen. An den meisten Schulen, Ausbildungsprogrammen und Universitäten dieser Welt beginnt der Unterricht morgens um 8 Uhr. Teenager sind späte Chronotypen, und es gibt eine Diskrepanz zwischen der späten circadianen Uhr und dem frühen Klingeln der Schuluhr.

Forschungen haben gezeigt, dass frühe Anfangszeiten bedeuten, dass die Teenager weniger Schlaf bekommen. Die Gesellschaft zwingt sie, zu schlafen, wenn ihre Körper wach sein wollen. Es ist nicht nur schwierig, einen Teenager morgens aufzuwecken; oft ist es auch schwierig, ihm so früh etwas beizubringen. Die Melatonin-Spiegel junger Leute erreichen erst um 7 Uhr ihren Spitzenwert, während das bei den meisten Erwachsenen etwa um 4 Uhr der Fall ist. Einen Teenager um 7 Uhr aufzuwecken, ist also so, als würden Sie einen Erwachsenen um 4 Uhr wecken. Viele junge späte Chronotypen absolvieren also Prüfungen mitten in ihrer biologischen Nacht, wenn die Prüfung um 8 Uhr stattfindet.[75]

SPÄTERE ANFANGSZEITEN BEDEUTEN MEHR SCHLAF

In den letzten Jahrzehnten sind einige Schulen zu späteren Schulbeginnzeiten übergegangen. Das wirkt sich nachweislich positiv auf Stimmung, Schlaf, Müdigkeit am Tage, Schulanwesenheit und akademische Leistungen aus.[76]

Man sollte Teenagern erlauben, auszuschlafen. Es fördert ihre Gesundheit und erleichtert ihnen das Lernen, wenn sie nicht so früh aufstehen müssen, um zur Schule zu gehen. Das zeigt sich aus vielen Studien, wie ein Übersichtsartikel von Forschern aus dem Jahre 2014 nachweist.[77]

In dem Artikel »Synchronizing education to adolescent biology: let teens sleep, start school later« (Bildung an die

Biologie von Heranwachsenden anpassen: Lasst Teens schlafen, startet die Schule später) analysieren die Forscher wissenschaftliche Studien aus den letzten 30 Jahren, in denen Korrelationen zwischen den Anfangszeiten der Teenager, ihrem Lernen und ihrer Gesundheit ermittelt wurden. Laut dem Artikel besteht kein Zweifel, dass man Teenager ausschlafen lassen sollte, wenn man möchte, dass sie erfolgreich sind und so viel wie möglich aus ihrer Schulzeit mitnehmen. Die Forscher kommen zu dem Schluss, dass die optimale Zeit für ein Treffen bei 16-Jährigen etwa um 10 Uhr und bei 18-Jährigen um 11 Uhr ist, wenn man ihren circadianen Rhythmus beachten möchte.[78] Außerdem wurde die Verbindung zwischen der Schlafmenge und den Schulbeginnzeiten untersucht. Eine Studie aus Minnesota zeigte, dass Schüler, die 8.30 Uhr mit der Schule beginnen, eine Stunde mehr Schlaf in der Nacht erhalten als Schüler, die 7.25 Uhr oder 7.15 Uhr beginnen.

Eine andere Studie, durchgeführt an einer Highschool, die ihren Schulstart von 8 Uhr auf 8.25 Uhr verschoben hatte, zeigte, dass die Anzahl der Schüler, die wenigstens acht Stunden Schlaf pro Nacht erhalten hatten, von 18 % auf 44 % anstieg. Die Studie kommt zu dem Schluss, dass schon ein moderat (25 Minuten) späterer Schulstart beträchtliche Verbesserungen bei Schlafdauer, Müdigkeit am Tag, Stimmung und Koffein-Genuss brachte.[79]

Mehrere Studien haben gezeigt, dass Schüler mit einem späten Chronotyp und kurzer Schlafdauer schlechtere

Noten erhalten, was nahelegt, dass die frühen Schulzeiten ihre Leistung beeinträchtigen.[80]

LEGEN SIE KLASSENARBEITEN IN DIE FRÜHEN NACHMITTAGSSTUNDEN, UM SPÄTE CHRONOTYPEN NICHT ZU BENACHTEILIGEN.

Eine niederländische Studie von van der Vinne und Kollegen (2014) betrachtete die Korrelation zwischen Chronotypen und Prüfungsergebnissen bei elf 18-Jährigen. Frühe Chronotypen erreichten die besten Ergebnisse morgens (8.15-9.45 Uhr) und vormittags (10.00-12.15 Uhr). Frühe und späte Chronotypen lieferten am Nachmittag (12.45-15.00 Uhr) gleich gute Leistungen ab. Schüler mit einem späten Chronotyp sind ganz klar im Nachteil, wenn sie früh am Tag geprüft werden; im Allgemeinen erhalten sie schlechtere Noten.[81]

Das Problem ist, dass unterschiedliche Chronotypen, die zur selben Zeit getestet werden, die Tests laut ihren biologischen Uhren eigentlich zu unterschiedlichen Zeiten absolvieren. Während späte Chronotypen morgens und vormittags schlechtere Leistungen erbrachten, beobachtete man bei frühen Chronotypen das Gegenteil: Sie schnitten später an ihrem biologischen Tag schlechter ab.

Vincent van der Vinne und seine Kollegen kamen zu dem Schluss, das der frühe Nachmittag ideal für Tests ist, da dann die größte Gleichheit zwischen den

Chronotypen herrscht. Alternativ könnten wir Schülern erlauben, ihre eigenen Prüfungszeiten zu wählen.[82]

Eine Untersuchung der Leistungen von Universitätsstudenten stellte fest, dass diese ebenfalls von der Vorlesungszeit abhängt. Die Ergebnisse der Abschlussprüfung (die 9.39 Uhr stattfand) unterschieden sich nach den circadianen Rhythmen; frühe Chronotypen schnitten besser ab als späte oder mittlere. Das heißt, sowohl Vorlesungs- als auch Prüfungsstartzeit beeinflussen die akademische Leistung.[83]

Auch wirtschaftliche Argumente stützen spätere Anfangszeiten. Jacob und Rockoff (2011) haben gezeigt, dass ein späterer Schulstart eine preiswerte Methode ist, um die Durchschnittsnoten zu steigern, da er den Schlaf zu verbessern und biologische Hürden des Lernens abzubauen scheint. Die Forscher haben gezeigt, dass man für jeden Dollar, den man in spätere Anfangszeiten investiert, neun Dollar zurückbekommt.[84]

Alle Schüler sollten eine Bildung erhalten, die im Einklang mit ihren biologischen Uhren steht. Schulen, Ausbildungsprogramme und Universitäten sollten spätere Anfangszeiten anbieten, die späten Chronotypen entgegenkommen. Wenn man es allen erlaubt, sich später zum Unterricht und für Prüfungen zu treffen, vermeidet man die Benachteiligung später Chronotypen und sorgt dafür, dass alle Schüler und Studenten die gleichen Chancen für die Zukunft haben.

FAZIT

- Menschen werden mit einem inneren circadianen Rhythmus geboren, der von einer »Master-Clock« im Gehirn kontrolliert wird, die physiologische Prozesse wie Schlaf, Hormonspiegel und Körpertemperatur reguliert.
- Die circadianen Rhythmen werden mit der 24-Stunden-Umdrehung der Erde synchronisiert, und zwar mithilfe des natürlichen Lichts. Das ist wichtig für das Steuern der Schlaf-Wach-Zyklen.
- Das heutige Leben mit seiner künstlichen Beleuchtung und wenig Kontakt zum Tageslicht stört die natürliche Synchronisation unserer circadianen Rhythmen.
- Experimente in der Chronobiologie wie die von Jürgen Aschoff haben gezeigt, dass circadiane Rhythmen ohne äußere Zeitsignale beträchtlich vom 24-Stunden-Zyklus abweichen können. Das belegt die Notwendigkeit von Synchronisationssignalen.

- Menschen können verschiedene Chronotypen – von frühen bis späten – annehmen, die im Laufe eines Tages jeweils einzigartige Muster aus Wachheit und Energie aufweisen. Für Wohlbefinden und Produktivität ist es entscheidend, diese Unterschiede zu verstehen und anzuerkennen.

- Menschen sollten ihre Arbeits-, Sport- und sozialen Aktivitäten an ihren natürlichen Chronotyp anpassen, um Leistungsfähigkeit, Gesundheit und Lebensqualität zu optimieren. Frühe Chronotypen sind morgens am produktivsten, späte Chronotypen später am Tag.

- Die strikte Nine-to-five-Arbeitszeitregelung ist überholt. Ein Wechsel zu flexibleren, personalisierten Zeitsystemen sowohl in der Bildung als auch in der Arbeitswelt würde den verschiedenen Chronotypen entgegenkommen, den sozialen Jetlag verringern und die Produktivität verbessern.

- Diskriminierung aufgrund des Chronotyps sollte von der Gesellschaft thematisch aufgegriffen werden. Es gibt Vorschläge, den Schutz davor in die Menschenrechtsdeklarationen von Organisationen wie der Europäischen Union und den Vereinten Nationen aufzunehmen.

- Organisationen, die Chronoinklusion verwirklichen, haben beträchtliche Verbesserungen bei Produktivität, Mitarbeiterzufriedenheit und Arbeitsplatzkultur erfahren, nachdem sie die Arbeitszeiten an den natürlichen circadianen Rhythmen ausgerichtet haben.

- Die meisten Teenager entwickeln sich aufgrund der biologischen Veränderungen in der Pubertät zu späten Chronotypen. Die wichtigste Rolle spielt hier die erhöhte Testosteron-Produktion.

- Schulen, die spätere Anfangszeiten eingeführt haben, konnten Verbesserungen bei der Schlafdauer, der akademischen Leistung und dem gesamten Wohlbefinden der Schüler beobachten. Forschungen konnten das ebenfalls nachweisen.

ANHANG

TESTEN SIE IHREN CHRONOTYP

Testen Sie Ihren Chronotyp: Sind Sie ein früher, ein mittlerer [neutraler] oder ein später Chronotyp?

Sie beantworten hier Fragen über Ihren circadianen Rhythmus und darüber, zu welchen Tageszeiten Sie bestimmte Aktivitäten bevorzugt erledigen. Wählen Sie die Antwort, die Sie am besten beschreibt. Am Ende des Fragebogens zählen Sie Ihre Ergebnisse zusammen und finden heraus, welcher Chronotyp Sie sind.

Kreuzen Sie das Kästchen an, das Sie am besten beschreibt.

1. Wann würden Sie aufwachen, wenn Sie Ihren Tag selbst planen könnten?

05.00-06.30 Uhr .... 5 ☐
06.30-07.45 Uhr .... 4 ☐
07.45-09.45 Uhr .... 3 ☐
09.45-11.00 Uhr .... 2 ☐
11.00-12.00 Uhr .... 1 ☐

2. Wann würden Sie schlafen gehen, wenn Sie Ihren Tag selbst planen könnten?

20.00-21.00 Uhr .... 5 ☐

21.00-22.15 Uhr .... 4 ☐

22.15-00.30 Uhr .... 3 ☐

00.30-01.45 Uhr .... 2 ☐

01.45-03.00 Uhr .... 1 ☐

3. Wie stark sind Sie von einem Wecker abhängig, wenn Sie morgens zu einer bestimmten Zeit aufstehen müssen?

Gar nicht .... 4 ☐

Ein wenig .... 3 ☐

Ziemlich .... 2 ☐

Sehr .... 1 ☐

4. Wie leicht ist es für Sie, morgens aufzustehen, falls Sie nicht unerwartet aufgeweckt werden?

Sehr leicht .... 4 ☐

Relativ leicht .... 3 ☐

Ein bisschen schwierig .... 2 ☐

Sehr schwierig .... 1 ☐

5. Wie wach fühlen Sie sich in der ersten halben Stunde nach dem Aufwachen am Morgen?

Überhaupt nicht wach .... 1 ☐

Ein bisschen wach .... 2 ☐

Ziemlich wach .... 3 ☐

Sehr wach .... 4 ☐

6. Wie hungrig fühlen Sie sich in der ersten halben Stunde nach dem Aufwachen?

Überhaupt nicht hungrig .... 1 ☐
Ein bisschen hungrig .... 2 ☐
Ziemlich hungrig .... 3 ☐
Sehr hungrig .... 4 ☐

7. Wie fühlen Sie sich in der ersten halben Stunde nach dem Aufwachen am Morgen?

Sehr müde .... 1 ☐
Ziemlich müde .... 2 ☐
Ziemlich energiegeladen .... 3 ☐
Sehr energiegeladen .... 4 ☐

8. Wann würden Sie im Vergleich zu Ihrer normalen Schlafenszeit ins Bett gehen, wenn Sie am nächsten Tag keine Verpflichtungen hätten?

Zur gleichen Zeit .... 4 ☐
Weniger als eine Stunde später .... 3 ☐
1-2 Stunden später .... 2 ☐
Mehr als zwei Stunden später .... 1 ☐

9. Sie haben begonnen, Sport zu treiben, und ein Freund schlägt vor, zweimal pro Woche für je eine Stunde gemeinsam zu trainieren. Die beste Zeit für Ihren Freund ist zwischen 7 und 8 Uhr morgens. Was glauben Sie, wie gut Sie zu dieser Zeit wären, wenn Sie nur Ihre eigene innere Uhr berücksichtigen müssten?

Ich wäre gut in Form .... 4 ☐

Ich wäre in annehmbarer Form .... 3 ☐

Ich würde es schwierig finden .... 2 ☐

Ich würde es sehr schwierig finden .... 1 ☐

10. Wann fühlen Sie sich abends müde und müssen schlafen gehen?

20.00-21.00 Uhr .... 5 ☐

21.00-22.15 Uhr .... 4 ☐

22.15-00.45 Uhr .... 3 ☐

00.45-02.00 Uhr. .... 2 ☐

02.00-03.00 Uhr .... 1 ☐

11. Sie wollen eine sehr gute Leistung bei einem Test abliefern, von dem Sie wissen, dass er geistig anspruchsvoll sein und zwei Stunden dauern wird. Sie können Ihren Tag so planen, wie Sie wollen. Welche dieser vier Zeiten würden Sie mit Rücksicht auf Ihre innere Uhr für den Test wählen?

08.00-10.00 Uhr .... 6 ☐

11.00-13.00 Uhr .... 4 ☐

15.00-17.00 Uhr .... 2 ☐

19.00-21.00 Uhr .... 0 ☐

12. Wie müde wären Sie, wenn Sie um 23.00 Uhr ins Bett gehen würden?

Überhaupt nicht müde .... 0 ☐
Ein bisschen müde .... 2 ☐
Ziemlich müde .... 3 ☐
Sehr müde .... 5 ☐

13. Aus irgendeinem Grund sind Sie mehrere Stunden später schlafen gegangen als sonst, müssen aber am nächsten Morgen nicht zu einer bestimmten Zeit aufstehen. Was wird am wahrscheinlichsten passieren?

Aufwachen zur üblichen Zeit, nicht wieder einschlafen .... 4 ☐
Aufwachen zur üblichen Zeit, dann ein bisschen dösen .... 3 ☐
Aufwachen zur üblichen Zeit, dann wieder einschlafen .... 2 ☐
Später als normal aufwachen .... 1 ☐

14. Sie müssen eines Nachts zwischen 4 und 6 Uhr wachbleiben, weil Sie Nachtschicht haben. Am folgenden Tag haben Sie Verpflichtungen. Welches der folgenden Szenarien passt Ihnen am besten?

Ich würde erst schlafen gehen, wenn meine Nachtschicht vorüber ist .... 1 ☐
Ich würde vorher ein Nickerchen machen und nach der Nachtschicht schlafen gehen .... 2 ☐
Ich würde gründlich vorschlafen und nach der Nachtschicht ein Nickerchen machen .... 3 ☐
Ich würde nur vor der Nachtschicht schlafen .... 4 ☐

15. Sie müssen zwei Stunden körperlich schwer arbeiten und können Ihren Tag nach Belieben einteilen. Welche der folgenden Zeiten würde Ihnen am besten passen, wenn Sie Ihrer inneren Uhr folgen möchten?

08.00-10.00 Uhr .... 4 ☐

11.00-13.00 Uhr .... 3 ☐

15.00-17.00 Uhr .... 2 ☐

19.00-21.00 Uhr .... 1 ☐

16. Sie haben begonnen, Sport zu treiben und ein Freund schlägt vor, dies zweimal pro Woche zu tun. Die beste Zeit für Ihren Freund ist zwischen 12.00 und 13.00 Uhr. Wie würden Sie Ihre Leistung einschätzen, wenn Sie nur Ihre eigene innere Uhr berücksichtigen müssten?

Ich wäre in guter Form .... 1 ☐

Ich wäre in angemessener Form .... 2 ☐

Ich würde es schwierig finden .... 3 ☐

Ich würde es sehr schwierig finden .... 4 ☐

17. Stellen Sie sich vor, Sie könnten Ihre Arbeitszeit frei einteilen und müssten inklusive der Pausen nur fünf Stunden am Tag arbeiten. Ihr Job ist interessant und Sie werden nach Leistung bezahlt. Zu welcher Zeit würden Sie ungefähr anfangen zu arbeiten?

Die fünf Stunden starten zwischen 04.00 und 08.00 Uhr ..... 5 ☐

Die fünf Stunden starten zwischen 08.00 und 09.00 Uhr ..... 4 ☐

Die fünf Stunden starten zwischen 09.00 und 14.00 Uhr ..... 3 ☐

Die fünf Stunden starten zwischen 14.00 und 17.00 Uhr ..... 2 ☐

Die fünf Stunden starten zwischen 17.00 und 20.00 Uhr ..... 1 ☐

18. Zu welcher Zeit des Tages sind Sie Ihrer Meinung nach am leistungsfähigsten?

04.00-08.00 Uhr .... 5 ☐
08.00-10.00 Uhr .... 4 ☐
10.00-17.00 Uhr .... 3 ☐
17.00-22.00 Uhr .... 2 ☐
22.00-04.00 Uhr .... 1 ☐

19. Wir sprechen über Lerchen (frühe Chronotypen) und Eulen (späte Chronotypen). Welcher Typ beschreibt Sie am besten?

Ich bin definitiv eine Lerche .... 6 ☐
Ich bin eher eine Lerche als eine Eule .... 4 ☐
Ich bin eher eine Eule als eine Lerche .... 2 ☐
Ich bin definitiv eine Eule. .... 1 ☐

Rechnen Sie die Punktzahlen aller 19 Fragen zusammen:

Die Ergebnisse können zwischen 16 und 86 liegen. 41 Punkte und weniger bedeuten, dass Sie ein später Chronotyp sind (Eule). 59 Punkte und mehr bedeuten, dass Sie ein früher Chronotyp sind (Lerche). Punktzahlen von 42 bis 58 bedeuten, dass Sie ein mittlerer (neutraler) Chronotyp sind.[85]

16-41 Später Chronotyp (Eule)

42-58 Mittlerer (neutraler) Chronotyp

59-86 Früher Chronotyp (Lerche)

ANMERKUNGEN

1. Archer, S., Robilliard, D., Skene, D., Smits, M., Williams, A., Arendt, J. und von Schantz, M. (2003) »A length polymorphism in the circadian clock gene Per3 is linked to delayed sleep phase syndrome and extreme diurnal preference«. Sleep. 26. 413-5. 10.1093/sleep/26.4.413.

2. Pegoraro, M., Picot, E., Hansen, C.N., Kyriacou, C.P., Rosato, E. und Tauber, E. (2015) »Gene expression associated with early and late chronotypes in *Drosophila melanogaster*«. *Front. Neurol.* 6:100. doi: 10.3389/fneur.2015.00100

3. Tomasello, Michael (2020): *Mensch werden: Eine Theorie der Ontogenese*. 3. Auflage, Suhrkamp Verlag.

4. Ocean Tomo. »Intangible Asset Market Value Study«. Zuletzt abgerufen: 18. November 2024. https://oceantomo.com/intangible-asset-market-value-study/

5. Samson, David R., Crittenden, Alyssa N., Mabulla, Ibrahim A., Mabulla, Audax Z.P., Nunn, Chales L. »Chronotype variation drives night-time sentinel-like behaviour in hunter-gatherers«. The Royal Society Publishing, 12. Juli 2017. https://royalsocietypublishing.org/doi/full/10.1098/rspb.2017.0967

6. Foster, Russell. »Life Time: The New Science of the Body Clock with Russell Foster | WIRED Health«, veröffentlicht 2023 von WIRED Events, YouTube, 19:47. https://youtu.be/B6Ewb0aJf_s?si=lpSiWnZ15FmnGtcD

7. Ted.com. »Why do we sleep?« Russell Foster, Juni 2013. https://www.ted.com/talks/russell_foster_why_do_we_sleep?utm_campaign=tedspread&utm_medium=referral&utm_source=tedcomshare

8. Watkins, Giles (2019): *Positive Sleep: A Holistic Approach to Resolve Sleep Issues and Transform Your Life*. LID Publishing.

9. Stetka, Bret. (2021). »Spark Creativity with Thomas Edison's Napping Technique«. *Scientific American*. https://www.scientificamerican.com/article/thomas-edisons-naps-inspire-a-way-to-spark-your-own-creativity/

10. Roenneberg, T., Pilz, L.K., Zerbini, G., Winnebeck, E.C. »Chronotype and social jetlag: A (self-) critical review«. Biology (Basel). 12. Juli 2019;8(3):54. doi: 10.3390/biology8030054. PMID: 31336976; PMCID: PMC6784249.

11. Roenneberg, T., Kuehnle, T., Pramstaller, P.P., Ricken, J., Havel, M., Guth, A., Merrow, M. (2004). »A marker for the end of adolescence«. *Curr. Biol.* 14, R1038–R1039. (doi:10.1016/j.cub.2004.11.039)

12. Roenneberg, Till (2019): *Das Recht auf Schlaf.* dtv Verlagsgesellschaft mbH & Co. KG.

13. Foster, Russell (2022): *Life Time: The New Science of the Body Clock, and How It Can Revolutionize Your Sleep and Health.* Penguin Books Ltd.

14. Roenneberg, Till (2019): *Das Recht auf Schlaf.* dtv Verlagsgesellschaft mbH & Co. KG.

15. Basierend auf MCTQ (85.000 Menschen)

16. Roenneberg, T., Allebrandt, K.V., Merrow, M., Vetter, C. »Social jetlag and obesity«. *Curr Biol.* 22. Mai 2012;22(10):939-43. doi: 10.1016/j.cub.2012.03.038. Epub 10. Mai 2012. Erratum in: *Curr Biol.* 22. April 2013;23(8):737. PMID: 22578422.

17. American Academy of Sleep Medicine. »Social jet lag is associated with worse mood, poorer health and heart disease«. *ScienceDaily*, 5. Juni 2017. www.sciencedaily.com/releases/2017/06/170605085326.htm.

18. Knutson, K., von Schantz, M. »Associations between chronotype, morbidity and mortality in the UK Biobank cohort«. *Chronobiology International*, 2018; 1 doi: 10.1080/07420528.2018.1454458

19. https://www.nature.com/articles/s41598-020-79299-7

20. »Portrait of Till Roenneberg, The Daylight Award 2024 Laureate for Daylight Research«, veröffentlicht 2024 von The Daylight Award, YouTube, 14:42. https://youtu.be/ljhBwtmCu0s?si=DokA8NT_YkfV1OvP

21. Erfahren Sie mehr über meine Arbeit: Super Navigators. »Home«. Zuletzt abgerufen: 18. November 2024. www.supernavigators.com

22. Nin, Anaïs (1961): *Labyrinth des Minotaurus.* Übersetzt von Manfred Ohl, dtv 1988.

23. Nordell, Jessica (2022): *The End of Bias. Can We Change our Minds?* Granta Books.

24. Roenneberg, Till (2012): *Internal Time*, Harvard University Press.

25. Tomasello, Michael (2001): *The cultural origins of human cognition*. Harvard University Press.

26. Nordell, Jessica (2022): *The End of Bias. Can We Change our Minds?* Granta Books.

27. Taylor, Frederick W. (1911): *The Principles of Scientific Management.* 1st World Library.

28. Yam, K. C., Fehr, R. & Barnes, C. M. (2014): »Morning employees are perceived as better employees: Employees' start times influence supervisor performance ratings«. *Journal of Applied Psychology* 2014, Vol. 99, No. 6, 1288–1299.

29. Cutter, Chip. (2024) »The Companies Calling Workers Back to the Office Five Days a Week«. *The Wall Street Journal.* https://www.wsj.com/business/the-companies-calling-workers-back-to-the-office-five-days-a-week-bfd5f95a?mod=djemCareersLl

30. Stone, Lillian. (2024) »›Office culture‹ as we know it is dead. Workers have other ideas«. *BBC*. https://www.bbc.com/worklife/article/20240229-office-culture-is-dead?utm_content=180584894&utm_medium=social&utm_source=linkedin&hss_channel=lis-hH1a-xmPSh

31. Deloitte. »2020 Global Human Capital Trends Report«. Zuletzt abgerufen: 18. November 2024. https://www2.deloitte.com/cn/en/pages/human-capital/articles/global-human-capital-trends-2020.html

32. Odell, Jenny (2023): *Saving Time. Discovering a Life Beyond the Clock.* The Bodley Head.

33. Hall, Edward T. (1983): *The Dance of Life. The Other Dimension of Time*, Anchor Books a Division of Random House, Inc. New York.

34. Tomasello, Michael (2020): *Mensch werden: Eine Theorie der Ontogenese*. 3. Auflage Suhrkamp Verlag.

35. Dessau, Frederik (1992): *Hvor bliver tiden af?* Spektrum.

36. Asplund, Johan (1985): *Tid, rum, individ och kollektiv*, LiberFörlag Stockholm.

37. National Institute of Standards and Technology. »A Walk Through Time – Early Clocks«. Zuletzt abgerufen 18. November 2024. https://www.nist.gov/pml/time-and-frequency-division/popular-links/walk-through-time/walk-through-time-early-clocks

38. Eriksen; Trond Berg (1999): *Tidens historie*, Tiderne skifter.

39. Castells, Manuel (2003): *Netværkssamfundet og dets opståen*, Hans Reitzels Forlag.

40. Duedahl, Poul (2017): Gudhjemtid. 100 danmarkshistorier, Aarhus Universitetsforlag.

41. Glamann, Kristof (1998): *Time-out*, Gyldendal.

42. Eriksen, Trond Berg (1999): *Tidens historie*, Tiderne skifter.

43. Honoré, Carl (2004): *In Praise of Slowness*, Harper-SanFrancisco

44. Dewdney, Christopher. (2017) »How Sandford Fleming changed the way the world experiences time«. *Canadian Geographic*. https://canadiangeographic.ca/articles/how-sandford-fleming-changed-the-way-the-world-experiences-time/

45. Odell, Jenny (2023): *Saving Time. Discovering a Life Beyond the Clock*. The Bodley Head.

46. Odell, Jenny (2023): *Saving Time. Discovering a Life Beyond the Clock*. The Bodley Head.

47. Britannica. »Frederick W. Taylor: American inventor and engineer«. Zuletzt abgerufen: 18. November 2024. https://www.britannica.com/biography/Frederick-W-Taylor

48. The Henry Ford. »Popular Research Topics: Henry Ford Quotations«. Zuletzt abgerufen: 18. November 2024. https://www.thehenryford.org/collections-and-research/digital-resources/popular-topics/henry-ford-quotes/

49. Wajcman, Judy (2014): *Pressed for time*. The University of Chicago Press.

50. Ocean Tomo. »Intangible Asset Market Value Study«. Zuletzt abgerufen: 18. November 2024. https://oceantomo.com/intangible-asset-market-value-study/

51. Moore-Ede, Martin (2024): *The Light Doctor. Using light to boost health, improve sleep and live longer.* CIRCADIAN Books.

52. Potter, G.D., Skene, D.J., Arendt, J., Cade, J.E., Grant, P.J., Hardie, L.J. Circadian Rhythm and Sleep Disruption: Causes, Metabolic Consequences, and Countermeasures. Endocr Rev. Dez. 2016;37(6):584-608. doi: 10.1210/er.2016-1083. Epub 20. Okt. 2016. PMID: 27763782; PMCID: PMC5142605.

53. Roenneberg, T., & Merrow, M. (2007). »Entrainment of the human circadian clock«. Cold Spring Harbor Symposia on Quantitative Biology, 72, 293–299. https://doi.org/10.1101/sqb.2007.72.043

54. Moore-Ede, Martin (2024): *The Light Doctor. Using Light to Boost Health, Improve Sleep and Live Longer.* CIRCADIAN Books

55. Pilz, L.K., Levandovski, R., Oliveira, M.A.B. *et al.* »Sleep and light exposure across different levels of urbanisation in Brazilian communities«. *Sci Rep* 8, 11389 (2018). https://doi.org/10.1038/s41598-018-29494-4

56. Boubekri, M., Cheung, I.N., Reid, K.J., Wang, C.H., Zee, P.C. »Impact of windows and daylight exposure on overall health and sleep quality of office workers: a case-control pilot study«. J Clin Sleep Med. 15. Juni 2014;10(6):603-11. doi: 10.5664/jcsm.3780. PMID: 24932139; PMCID: PMC4031400.

57. Aschoff, J. (1965): »Circadian rhythms in man«. *Science*, 11. Juni 1965.

58. Aschoff, Jürgen, Gerecke, Ursula, Wever, Rütger. »Desynchronization of human circadian rhythms«. The Japanese Journal of Physiology Vol. 17 No. 4 (1967): Seiten 450-457. https://www.jstage.jst.go.jp/article/jjphysiol1950/17/4/17_4_450/_article

59. Roenneberg, T. (2012): *Internal Time*, Harvard University Press.

60. Drucker, P. F. (1999). »Knowledge-worker productivity: The biggest challenge«. *California Management Review*, 41(2), 79-94. https://doi.org/10.2307/41165987

61. Kühnel, Jana, Bledow, Ronald, Kiefer, Markus. »Creativity and the Alignment between Chronotype and Time of Day«. Academy of Management (29. Juli 2020). https://journals.aom.org/doi/10.5465/AMBPP.2020.13636abstract

62. Robert M. Edinburgh et al. »Lipid metabolism links nutrient-exercise timing to insulin sensitivity in men classified as overweight or obese«. *The Journal of Clinical Endocrinology & Metabolism*, Band 105, Heft 3, März 2020, Seiten 660-676, https://doi.org/10.1210/clinem/dgz104

63. Hijikata, Y., Yamada, S. »Walking just after a meal seems to be more effective for weight loss than waiting for one hour to walk after a meal«. Int J Gen Med. 2011;4:447-50. doi: 10.2147/IJGM.S18837. Epub 9. Juni 2011. PMID: 21731896; PMCID: PMC3119587.

64. Baldwin, James (2024): *No Name in the Street*. Penguin Classics

65. Schmidt, Christina, et al. »Homeostatic Sleep Pressure and Responses to Sustained Attention in the Suprachiasmatic Area«. Science, 24. April 2009. https://www.science.org/doi/abs/10.1126/science.1167337

66. Pacheco, Danielle, Cotliar, Dr. Dustin. »Caffeine and Sleep«. Sleep Foundation. Letzte Änderung 17. April 2024. https://www.sleepfoundation.org/nutrition/caffeine-and-sleep

67. Hysing, M., Pallesen, S., Stormark, K. M., Jakobsen, R., Lundervold, A. S., & Sivertsen, B. (2015). »Sleep and use of electronic devices in adolescence: results from a large population-based study«. BMJ Open, 5(1)., Abgerufen von https://pubmed.ncbi.nlm.nih.gov/25643702/

68. Facer-Childs, Elise, Brandstaetter, Roland. »The Impact of Circadian Phenotype and Time since Awakening on Diurnal Performance in Athletes«, Current Biology, Vol. 25, No. 4 (2015): Seiten 518-522, https://doi.org/10.1016/j.cub.2014.12.036. https://www.sciencedirect.com/science/article/pii/S096098221401639X

69. Gratton, Lynda (2022): *Redesigning Work How to Transform Your Organization & Make Hybrid Work for Everyone.* The MIT Press.

70. Foster, Russell (2022): *Life Time: The New Science of the Body Clock, and How It Can Revolutionize Your Sleep and Health.* Penguin Books Ltd.

71. Spira, J.B./Feintuch, J.B (2005): *The Cost of Not Paying Attention: How Interruptions Impact Knowledge Worker Productivity,* Basex.

72. Wajcman, Judy (2014): *Pressed for Time.* The University of Chicago Press.

73. Roenneberg, Till (2019): Das Recht auf Schlaf. dtv Verlagsgesellschaft mbH & Co. KG.

74. Konrad S. Jankowski et al. »Chronotype in relation to free and total testosterone in men«. Chronobiol Int. Juni 2024;41(6):924-928. doi: 10.1080/07420528.2024.2360719. https://pubmed.ncbi.nlm.nih.gov/38836459/

75. van der Vinne, V., G. Zerbini, A. Siersema, A. Pieper, M. Merrow, R.A. Hut, T. Roenneberg und T. Kantermann. 2014. »Timing of examinations affects school performance differently in early and late chronotypes«. *Journal of Biological Rhythms* 30, nr. 1: 53-60.

76. Zerbini, Giulia, Merrow, Martha. »Time to learn: How chronotype impacts education«. Psych Journal, 10. Oktober 2017. https://onlinelibrary.wiley.com/doi/10.1002/pchj.178

77. Kelley, P., S.W. Lockley, R.G. Foster und J. Kelley. 2014. »Synchronizing education to adolescent biology: let teens sleep, start school later«. *Learning Media and Technology* 40, Nr. 2: 210-226. https://doi.org/10.1080/17439884.2014.942666

78. Kelley, P., Lockley, S. W., Foster, R. G., & Kelley, J. (2014). »Synchronizing education to adolescent biology: let teens sleep, start school later«. *Learning, Media and Technology*, 40(2), 210-226. https://doi.org/10.1080/17439884.2014.942666

79. Boergers, J., Gable, C. J., & Owens, J. A.(2014). »Later school start time is associated with improved sleep and daytime functioning in adolescents«. *Journal of Developmental and Behavioral Pediatrics*, 35, 11-17. https://doi.org/10.1097/DBP.00000000000

80. Zerbini G., van der Vinne V., Otto L.K.M., Kantermann T., Krijnen W.P., Roenneberg T., Merrow M. »Lower school performance in late chronotypes: underlying factors and mechanisms«. Sci Rep. 29. Juni 2017;7(1):4385. doi: 10.1038/s41598-017-04076-y. PMID: 28663569; PMCID: PMC5491513.

81. Zerbini, Giulia, Merrow, Martha. »Time to learn: How chronotype impacts education«. Psych Journal, 10. Oktober 2017. https://onlinelibrary.wiley.com/doi/10.1002/pchj.178

82. van der Vinne, V., G. Zerbini, A. Siersema, A. Pieper, M. Merrow, R.A. Hut, T. Roenneberg und T. Kantermann. 2014. »Timing of examinations affects school performance differently in early and late chronotypes«. *Journal of Biological Rhythms* 30, Nr. 1: 53-60.

83. Beşoluk, Ş., Önder, İ., & Deveci, İ. (2011). »Morningness-eveningness preferences and academic achievement of university students. chronobiology international«. 28(2), 118-125. https://doi.org/10.3109/07420528.2010.540729

84. Jacob, B.A. und J.E. Rockoff. 2011. »Organizing schools to improve student achievement: Start times, grade configurations, and teacher assignments«. The Hamilton Project. www.brookings.edu/research/papers/2011/09/organization-jacob-rockoff.

85. Dieser Fragebogen basiert auf: Horne, J.A. und Östberg, O. A. »A self-assessment questionnaire to determine morningness-eveningness in human circadian rhythms«. *International Journal of Chronobiology*, 1976: 4, 97-100. https://pubmed.ncbi.nlm.nih.gov/1027738/

DANKSAGUNGEN

Dieses Buch markiert den 20. Jahrestag meines Unternehmens Super Navigators.

Ich bin den Personen und Organisationen, die mich auf meiner Reise begleitet haben, unglaublich dankbar, beginnend mit meinem ersten großen internationalen Kunden. Mein aufrichtiger Dank geht an Laurent van Lerberghe, den ich im Dezember 2006 kennengelernt habe. Laurent initiierte das Pilotprojekt, mit dem Life Navigation zu Abbott Denmark kam.

Im Jahre 2007 wurde Alex Würfel zum Generaldirektor von Abbott Denmark ernannt. Ich danke Dir ganz besonders, Alex, weil Du nicht nur Life Navigation bei Abbott Denmark umgesetzt, sondern mir auch den Weg geebnet hast, um es in acht Ländern bei Abbott/AbbVie einzusetzen, darunter AbbVie Deutschland im Jahre 2013, wo Alex ebenfalls Generaldirektor wurde.

2008 durfte ich Rasmus Kofoed kennenlernen, der damals Generaldirektor von Abbott Diabetes Care Denmark war. Rasmus, ich danke Dir für eine außergewöhnliche Zusammenarbeit, die es mir erlaubte, Life Navigation und Chronoleadership bei Roche Diabetes Care in sieben Ländern und später bei Medtronic Diabetes Care in elf Ländern umzusetzen.

2011 lernte ich Magne Skram Hegerberg kennen, Generalsekretär des Norwegischen Anwaltsverbandes. Magne, ich danke Dir für Deine Hingabe und Dein Engagement für Life Navigation. Deine Führungsfähigkeiten sind eine Inspiration, vor allem weil Du alle neuen Mitarbeiter persönlich in das Programm einführst.

2012 lernte ich während ihrer Zeit bei der Dänischen Ingenieurgesellschaft Bettina R. Thøgersen kennen. Dies führte zur Entstehung des Projektes »Frei von Zeit und Ort«. Bettina, danke, dass Du mir die Chance gegeben hast, in den von Dir geleiteten Organisationen mit Life Navigation und Chronoleadership zu arbeiten.

2018 startete ich eine wunderbare Zusammenarbeit mit Grith Wormslev Petersen bei Novo Nordisk Denmark. Grith, danke für Dein Vertrauen und die Partnerschaft bei der Umsetzung von Life Navigation. Ich möchte außerdem Sabine Jagminas für die Organisation der Life-Navigation-Kurse bei Novo Nordisk Denmark danken sowie Jennifer Ballard, P&O-Direktorin, für die großartige Zusammenarbeit.

2018 gründete ich zusammen mit Christine Ipsen, Yun Ladegaard, Anders Raastrup Kristensen, Vivi Bach, Janne Skakon, Tanja Kirkegaard und Vita Ligaya Dalgaard den Copenhagen Think Tank for Sustainable Working Life. Danke für die inspirierenden Gespräche und das geteilte Wissen.

2021 gründete ich gemeinsam mit Christian Ørsted, Emilia van Hauen, Dennis Nørmark und Malene Friis Andersen den Future of Work Think Tank. Ich bin dankbar für die spannenden Diskussionen und wertvollen Einsichten.

2023 hatte ich die Ehre der Teilnahme an Thinkers50 in London, wo ich Alec Egan kennenlernte, Herausgeber bei LID Publishing. Alec, danke, dass Du an dieses Buch geglaubt hast. Mein herzlicher Dank geht außerdem an Aiyana Curtis, Cheflektorin, und Caroline Li, Art und Production Director, für das aufregende Cover. Ein besonderer Dank gilt Martin Liu, Chief Operating Officer und Herausgeber, für die Unterstützung.

Ich möchte außerdem Marianne Larsen für ihre wunderschönen Illustrationen danken.

Und schließlich geht ein riesengroßer Dank an meine Familie und meine Freunde. Ihr wisst, wer Ihr seid.